株の
カラ売りで
堅実に稼ぐ!
7つの最強チャートパターン

株式スクール冨田塾代表
冨田晃右
Kousuke Tomita

日本実業出版社

はじめに

■株価が下がったときでも利益を出せる

「株で利益を出す」というと、どんなイメージを持つでしょうか？
安いときに買って、大きく上がったら売る。
勢いのある株に乗っかって、上がったところで売る。
普通はこんなイメージを持つのではないでしょうか？
しかし、株は上がったときにだけ利益が出るわけではないのです。

株は下がったときでも利益が出ます。
上がったときだけではなく、「下がったときにも利益が出る」のです。

例えば今、株価1000円のA株があったとします。
それが、値下がりして800円になったとします。
普通は下がったのですから、このA株を買っていたらマイナス200円となり、損失に

【カラ売りなら1000円→800円になっても利益になる！】

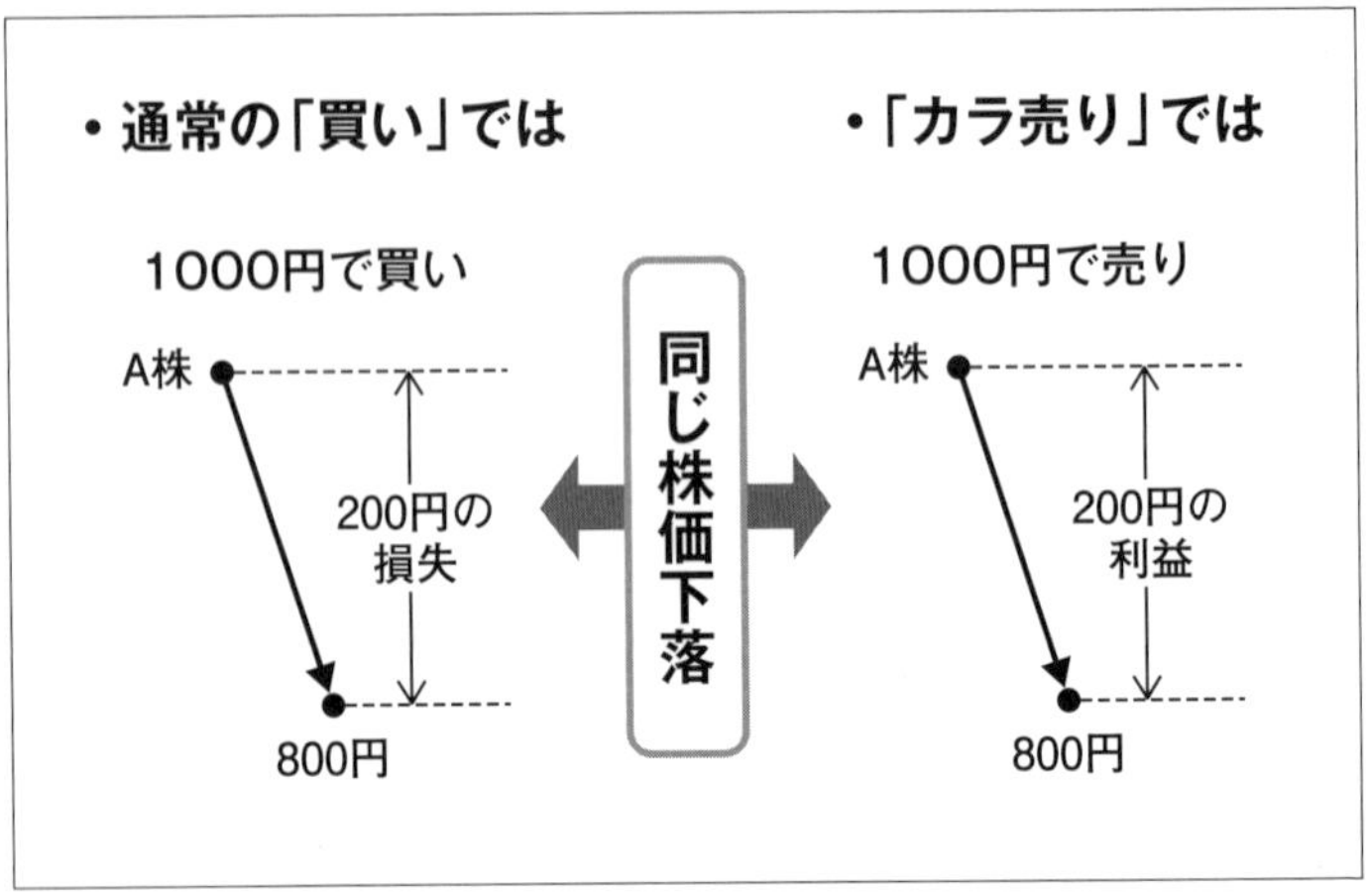

なります。

しかし、株価が下がったときに利益になる方法があるのです。

株価が1000円のときに、「どうも下がりそうだな…」と思ったとしましょう。そんなとき、株を買うのではなく、「売り」の注文を入れることができます。

その後、株価が下がって800円になったとすると、この差額の200円がそのまま利益になるのです。

要は、株価が下がった分だけ利益になるのです。

ですので、あなたが株式投資の経験者で、例えば今までに買った株が大きく値下がりし、株で損失を膨らませてきたのであれば、そのときもし「買い」ではなく「売り」の注文をしていれば、その値下がりした損失分がまるまる利益になっていたことになるのです。

考えようによっては、買っては下がるを繰り返し、損ばかりしていた株式投資下手な人でも稼ぐことができるのです。

■カラ売りができると強力な武器になる

このように、株価が下がりそうなときに株を売ることを「カラ売り」と言います。

でも、「カラ売り」は、世間一般では「何か危険だ。危なっかしい」というイメージがあります。

カラ売りをすると、

「一家破滅」「一家離散で、嫁子どもが逃げていった」「借金背負って自己破産」といったマイナスイメージがあったり、そのように言われたりもしますが、実際はそんなことはありません。

カラ売りができるようになれば、「株を買っていつも損をしてきた人」でも、稼ぐことができるのです。

今まで株で稼げなかったあなたや、これから株式投資を始めようと思っている初心者のあなたにこそ、カラ売りが適しているとも言えるのです。

また、株価が下がったときに利益を出せるのですから、「これは下がりそうだ」と思ったときに、指をくわえて見ているのではなく積極的に利益を取りにいくことができます。


株は、そんな簡単に儲かる世界ではありません。初心者の多くは、まず負けてしまうのが通常の流れです。

そういう私自身も初心者のころは大負けしました。

うまくいかない初心者だからこそ、はじめからカラ売りという手法を知っていれば、大きな武器になります。


では、カラ売りとはどんな世界なのか？

一緒に見ていくことにしましょう！

カラ売りの世界へ出発です。

※本書の株価チャートは、特に記したもの以外はすべて日足です。

CONTENTS

目次◆株の「カラ売り」で堅実に稼ぐ！　7つの最強チャートパターン

第2章 これだけで十分！「カラ売り」の基礎知識

CONTENTS

BASIC 3

第5章 複数のサインで売る！ 7つの最強カラ売りパターン

STRONGEST

第6章 日経平均でカラ売りをしてみる

第7章 撤退のタイミングで勝負は決まる！

第8章 負け組投資家から両刀使いのプロトレーダーへ！

カバーデザイン／吉村朋子
本文組版／一企画
企画協力／ネクストサービス株式会社　松尾昭仁

※本書は、株式投資の際に参考となる情報の提供を目的としたものです。株式投資は価格変動のリスクがあり、損失を被ることもあります。実際に株式投資をするさいの最終的な判断は、必ずご自身の自己責任でお願いいたします。

第1章

あなたがカラ売りで稼げる理由

1 「カラ売り」という株の取引方法がある

■「あー、やってしまった」はもうやめよう

「今あるお金を増やしたい！」と、株でひと儲けしようと思い立ちます。そして、どの株が上がるのかを自分なりに探して分析し、その株を買います。

その後、買った株の価格が上がればいいのですが…。でも、どうでしょう。下がることのほうが多くないでしょうか。

下がってしまったときは、大きなロスになる前に早めに売って手放せばよいのです。しかし、それがなかなかできません。

損するのが嫌だからです。

「もう少し我慢すれば買値に戻るだろう」

「ここまで下がったんだから、もうこれ以下にはならないだろう」

などと思っているうちに、さらに大きく下がり大損してしまうことが多いのです。

そして、「あ～、もっと早く売っておけばよかった」、「あ～、やってしまった！」と後

悔してしまうのです。

これが、個人投資家が株で損をするときの典型的なパターンです。

このように、個人投資家が株で儲けようとすると、いつも株価が高いところを掴まされてしまいます。

そもそも株価が高くなってから買うので、そこから大きく上がることはなく、下がってしまうわけです。

このように、「買ったら下がってしまい、大きく損をしているので売るに売れなくなり、それを後悔する…」というのが典型的なパターンです。

これ、もうやめにしませんか！

■株が下がったときに利益を出す「カラ売り」

こう言うと、こんな声が聞こえてきそうです。

「損しないように頑張っているんですけど、上がる株をなかなか探すことができないでいるんです」

「どうやったら上がる株を見つけることができるんですか？」

私は現在、自分で株の売買をしていますし、多くの方に株の稼ぎ方を教えてもいますので、上がる株の見つけ方を教えることはできます。

でも今回は、「株を買って稼ぐ」という話ではなく、角度を変えて稼ぐ方法をお話ししようと思います。

それは、株が下がったときに利益を出す方法です。

「下がっても利益が出る？」

どういうことでしょうか？

株式の取引には、下がると思うときに売り、下がって安くなったら買うことで利益を出すことができる「カラ売り」というやり方があります。

要は株価が下がったら、下がった分だけ利益になるのです。

株価が下がることを望む取引なのです。

2 なぜ今、カラ売りなのか？

では、なぜ本書で株価が下がることを望む取引（カラ売り）をお勧めしようとしているのでしょうか。

■株価は長期的に上昇してきている

まずは次ページのチャートを見てください。

２０１２年から始まった長期上昇相場。

日本の株式市場を映し出す日経平均株価は1万円を下回る時代を経て、２０１２年から一気に上昇を開始し、現在は２２０００円台を推移しています（２０１９年11月１日現在）。

証券アナリストや評論家、専門家などの中には、「長期的には日経平均株価は今後まだ上昇する」と言う人もいます。

そうなれば、おそらく日本の経済は活況となっているでしょうし、１９８０年代のバブ

【2012年から始まった長期上昇相場（月足）】

ルを超える状況になっているかもしれません。国民の暮らしも豊かになっていると思われます。

それならそれで、よしです。

先ほど述べたように、私自身も株の売買をしていますし、個人向けの株の塾（株式スクール冨田塾）を運営していますので、株高は大いに歓迎であり、日経平均株価がどんどん上がっていくことを望んでいます。

ただ一方で、現在の日経平均株価の水準は、決して低い位置ではなく、1996年以降の日経平均を見てみますと（20ページ）、安値圏からかなり上昇してきていることがわかります。

ですので、ここからの長期シナリオとしては、もちろん上昇のシナリオもありますが、そればかり考えるのではなく、下降のシナリオも考えなければならないと思うのです。

■相場は10～12年くらいのサイクルで動いている

そこで、日本の株式市場を映し出す日経平均株価を見てみましょう。

次ページの1991年以降の日経平均株価を見てください。


前回の大天井（株価が最も高いところ）は、2007年だったことがわかります。

そしてその前の大天井は1996年だったことがわかります（2019年現在）。

では、前回の大底（株価が最も低いところ）はどうでしょう。

この大底については、価格的には過去数年で見ると安いところ（2011年や2009年）もありますが、株価が大きく動き出したところは2012年なので、今回はそこを大底と捉えたいと思います。

そして、その前の大底は2003年と考えます。

これらを見てみますと、相場の大きな流れとしては、だいたい10年周期で流れていることがわかるのではないでしょうか。

そして、2018年は2007年から数えると11年となります。

【相場の大きな流れは10年周期（月足）】

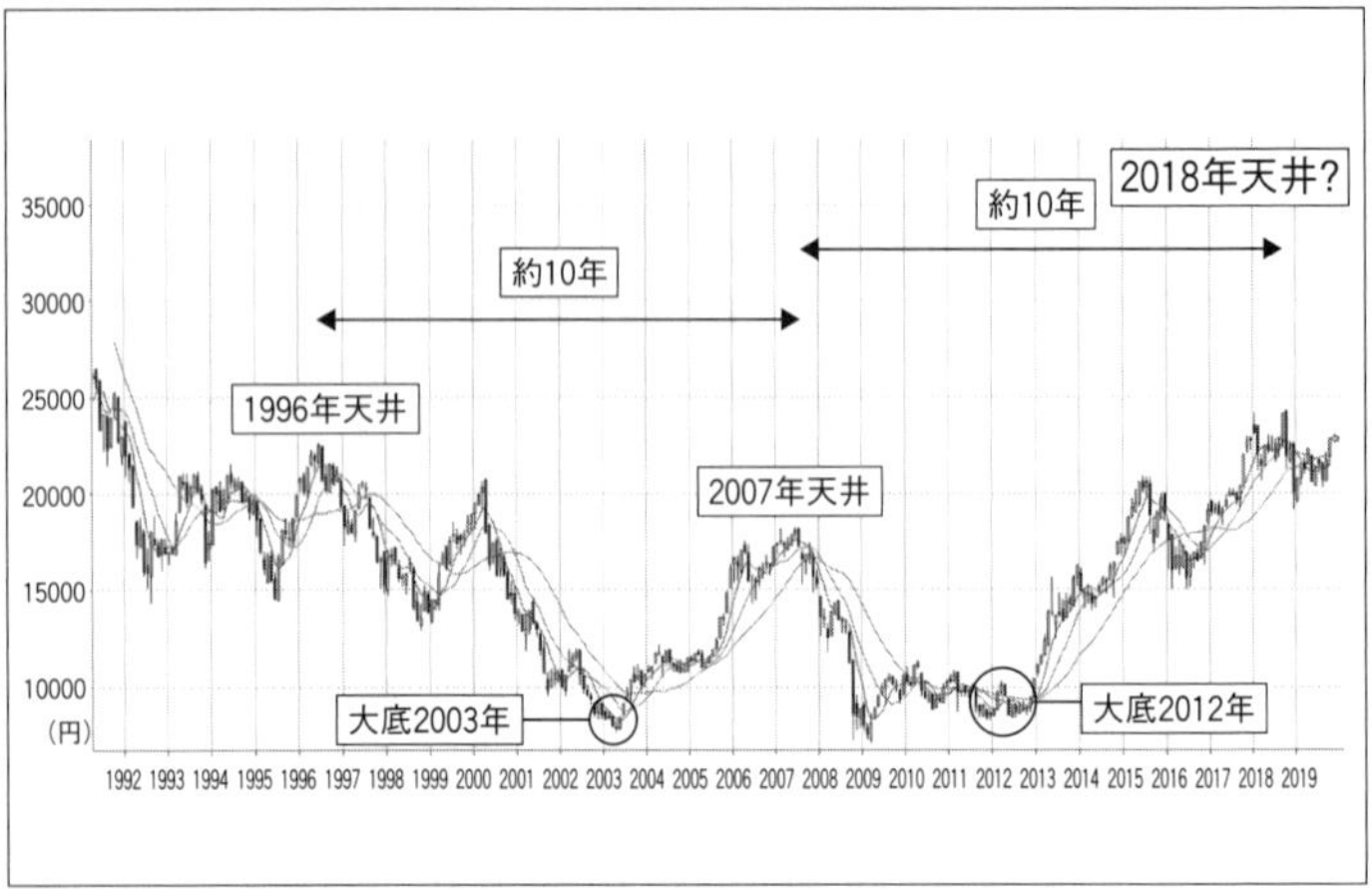

ということは、過去の経験則から考えると、過去十年来の大天井が２０１７～２０１９年の間になると想定できます。

であれば、今回の相場の大天井が２０１８年10月の２万４２７０円（終値）であってもおかしくありません。

そうです。今の日本の相場環境は上昇しきっているかもしれないのです。

これから大きく下がるかもしれないのです。

■これまでとは相場環境が違う

あなたを含め、株式投資をしている多くの個人投資家や、これから株を始めようとしている方にとって、「株を買って保有したままでいると大損してしまう」という時期が待ち構えている状態なのです。

街中の書店でよく見かける株の本や雑誌に記載されている、

「株で〇億円儲かった！」

「ほったらかしで〇カ月で〇千万円儲かった！」

などのキャッチコピーに煽られ、「よし！　私も！」と意気込んでいるあなた。

これからの数年間は、２０１２年から上昇してきた時代の相場環境とは「わけが違う」ということをしっかり肝に銘じてほしいのです。

「今までとは違うんだ」という気持ちで株式市場に参加しなければ、本当に痛い目にあうことになりかねないからです。

何もあなたに面白半分に恐怖感を煽っているのではありません。

株式相場のサイクルの過去の経験則を踏まえると、どうしてもこう考えざるを得ないのです。

■下げ局面に対応できる技術を身につけよ

こんなことを言うと、必ずこう言ってくる人がいます。

「冨田は下がると言っているけど、上がったらどうするんだ！」

そんな場合には素直に買って保持すればいいだけのことです。

私は「絶対下がる」と言っているのではなく、「株式相場の過去のサイクルを考えると、今後は下がる可能性があるので、そのためのシナリオを描いて準備しておかなくてはダメですよ」と言っているだけです。

そして、**下げ局面を乗り切るために身につけておいてほしいのが、「カラ売り」の手法**なのです。

■大天井から5年程度の下げ局面へ

個人投資家の思考はいつも、次のようなものです。

「株が上がったら→もっと上がる！」

「株が下がったら→そろそろ底打ち反転して上がる！」

と、「上がる！　上がる！」ばかりのシナリオを思い描きます。

そうではなく、その逆のシナリオも想定してほしいのです。

では、仮に2018年が大天井となり、株式市場が下降に転ずればどうなるのでしょうか？

先ほどもお話ししたように、今回の大天井は10年に一度の天井になる可能性が高いので、

【5年程度の上げ〜5年程度の下げ】

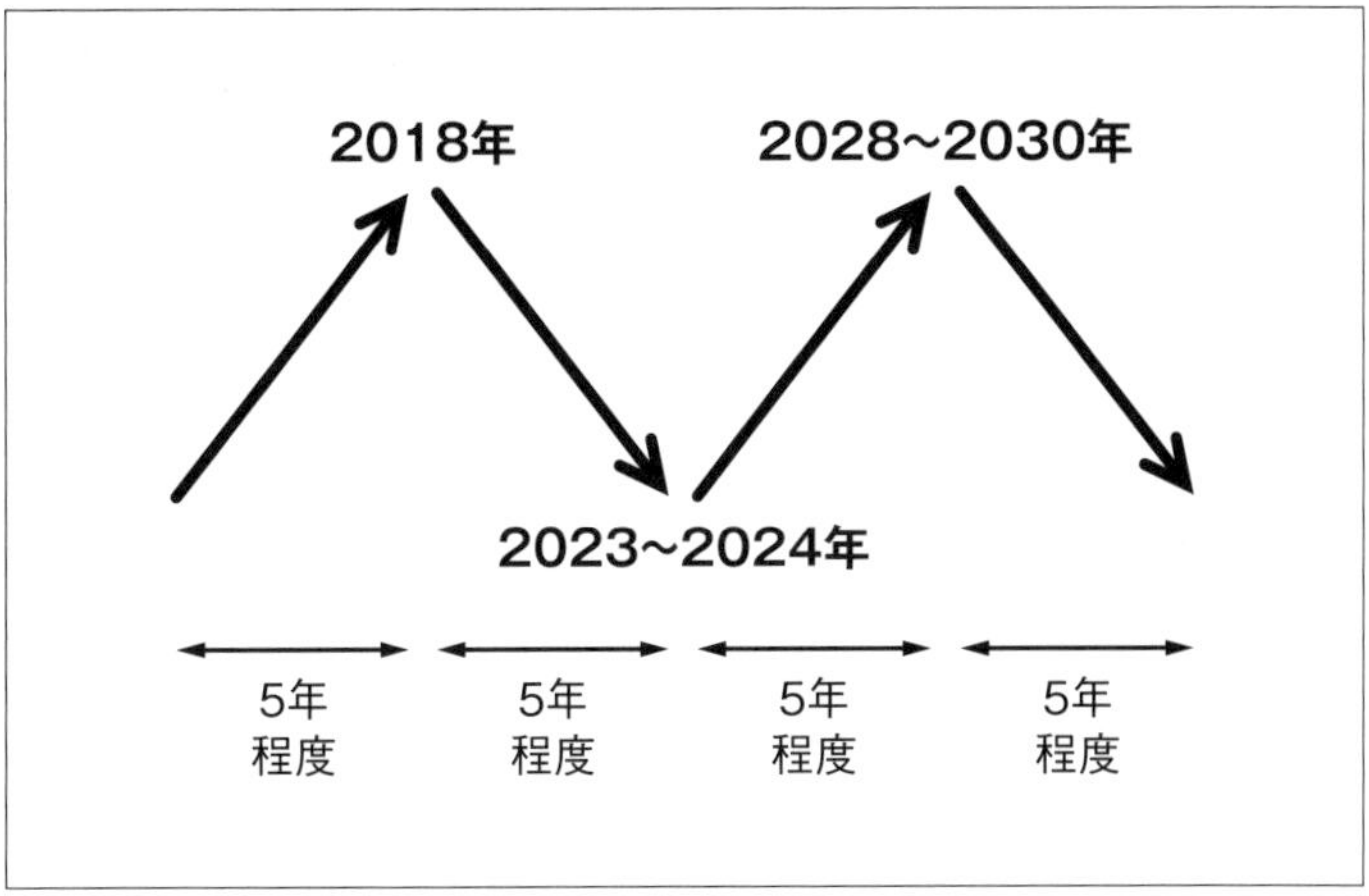

ここからの下げは5年程度ということになります（5年程度の上げ〜5年程度の下げで、上げ下げ約10年。上図）。

ということは、2018年が大天井となった場合は2023年あたりまで下げることになります。

また、仮にそのシナリオが外れて2019年が大天井となった場合は2024年あたりまで下げることになります。

ですので、次の大底は2020年の東京オリンピックが終わってから3〜4年後になり、それまでは下がり続けてもおかしくないことになります。

3 個別の銘柄は全体相場に流される

■下げ局面ではあらゆる銘柄が下がる傾向にある

このような相場のサイクルに突入しようとしている中で、２０１２年から現在までのように普通に株を買って保持しているとどうなるのか？

結果は見えていますよね。

おそらくうまくいかないはずです。

２０１２年から最近まで株を保持して、何億もの利益を出した有名な投資家でさえもです。

あなたが明日にでも買った株は、長期目線では上がる可能性より下がる可能性のほうが高くなります。

なぜだかわかりますか？

それは株式市場全体が下降基調のときは、個々の銘柄も下げる傾向にあるからです。

全体相場の流れに個々の銘柄も流されることが多いのです。

【株価は全体相場に流される】

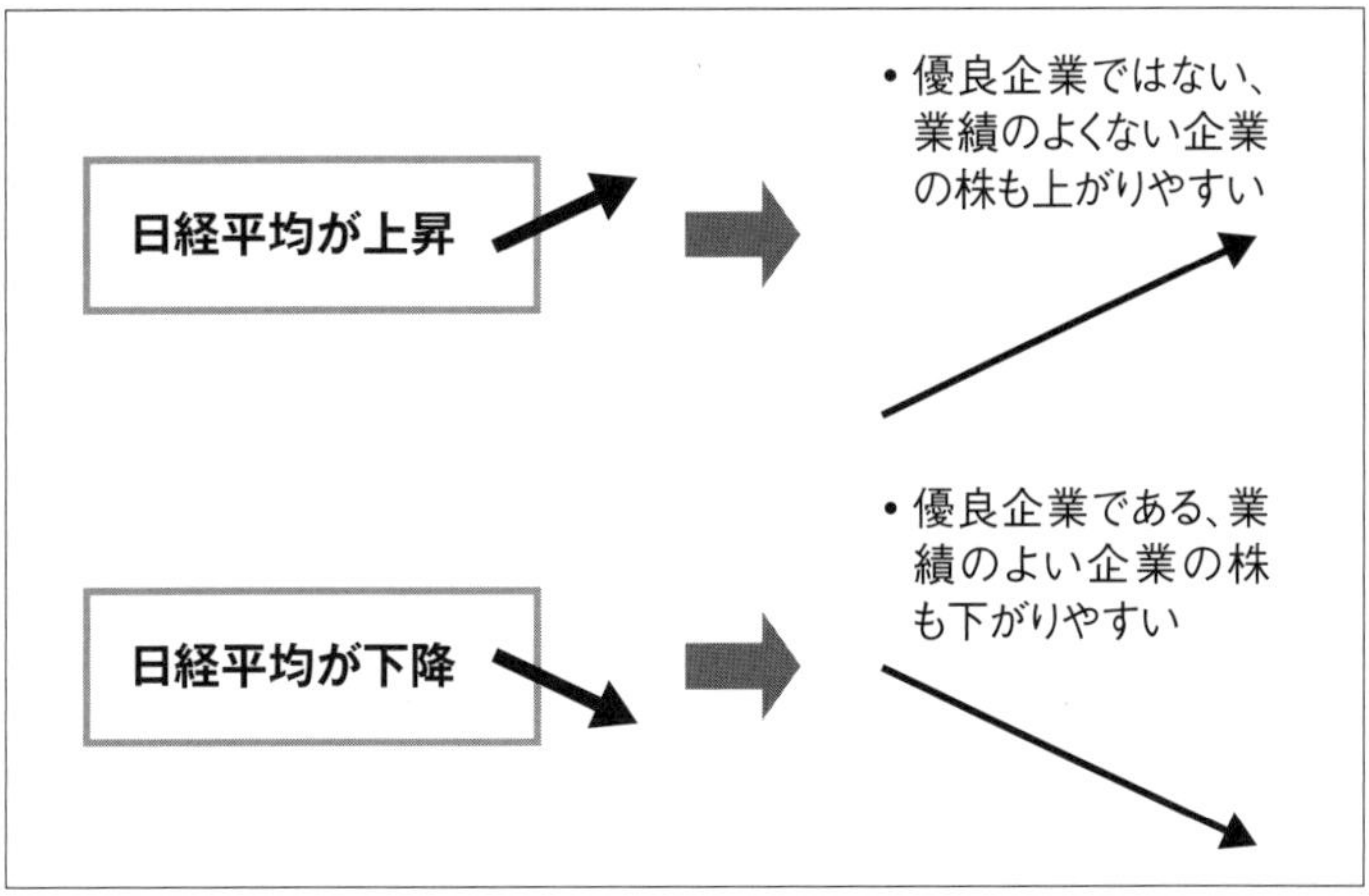

例えば、流れが急な川を泳ぐときをイメージしてください。

上流に向かって泳ごうとしても、急な流れですので、たとえ泳ぐ人がオリンピックの金メダリストであったとしても、上流に向かって泳ぐことは困難です。

おそらく下流に流されてしまいます。

でも逆に、下流に向かって泳げばどうでしょう?

小学生でも水に浮くことさえできれば下流に向かって進んでいくことができます。

どんどん下流に流れていきます。

要は、泳ぐ人の能力が異なっていたとしても、川の流れている方向に流れてしまうということです。

■業績がよい優良銘柄でも流れに逆らえない

株式市場でもこれと同じことが言えます。

先ほどの例ですが、「川の流れ」を日経平均株価とし、「その川を泳ぐ人」を個別銘柄としてみます。

日経平均株価が上昇しているときであれば、その市場にいるだけで、手持ちの株は値上がりしやすくなります（前ページ図）。

たとえ手持ちの株が優良企業でなかったり、業績が悪かったとしても値上がりしやすくなります。

逆に、日経平均株価が下降しているときは、その市場にいるだけで、手持ちの株は値下がりしやすくなります。

たとえその株が優良企業であったり、業績がよくても値下がりしやすくなるのです。

乱暴な言い方をすれば、株というのは株式市場全体が盛り上がっていくときであれば、個別の銘柄選択を少々間違ってもその株は上がることが多く、稼ぐことができます。

逆に、株式市場全体が暴落したときは、いくらよい銘柄を選んでいたとしてもその株は下がってしまうことが多くなります。

株とはそういうものなのです。
その株式市場全体の流れの転換が、まさに今、来ようとしているのです。

4 下げ相場が始まる兆候はこんなにある

■前回の大相場と現在の状況を比べてみる

２０１２年から始まった上昇相場の今後を考える際に、似たような直近の例で考えてみましょう。小泉郵政改革相場からリーマンショックによる急落への流れを思い出してみてください。

２００３年４月28日、日経平均株価はいわゆるバブル後の最安値となる７６０８円をつけました。

そこから始まった相場が２００７年に天井を打ち、２００７年末には日経平均株価の12カ月移動平均線、24カ月移動平均線を割り込みました。

また、それぞれの移動平均線の上向きの角度が緩やかになり、横ばい下向きになりまし

【2008年のリーマンショックによる下げ（月足)】

【××ショック？】

（月足）

た。

そこから2008年のリーマンショックへ。

これで2003年から始まった大相場が終了しました。

では、このときの相場の動きを今回の上昇相場と比べてみましょう。前ページ下図を見てください。

2012年から始まった相場が2018年に天井を打ち、そこから2019年以降の「××ショックへ！」となるシナリオが予想されます。

この「××ショック」ですが、そのときの状況次第で何かのネーミングが決まるのでしょう。そのときの下げの原因は「後付け」になりますので、そのときの何かの現象を表わすネーミングになると思われます。

さて、このシナリオで行きますと、2018年10月につけた日経平均株価の高値を上に抜けないということになります。

となると、ここからのシナリオは、日経平均株価が24カ月移動平均線や12カ月移動平均線を割り込むシナリオです。

今回の場合は、2019年10月に両移動平均線をいったん超えたが、2018年10月高値には届かないというシナリオが考えられます。

いずれにせよ、２０１８年10月の２万４２７０円が最後の高値ということになりそうです。

そして、日経平均の12カ月移動平均線、24カ月移動平均線を割り込んだ状態になり、それぞれの移動平均線の上向きの角度が緩やかになり、横ばい下向きになったら「２０１２年から始まった大相場の終了」ということになります。

■天井から3年程度下げる周期は3～8年！

では、別の株価変動の周期でも見てみることにしましょう。私の理論の中に、「数年間上昇し、天井を打って3年程度下げる」という周期があります（次ページ図）。

仮に２０１８年10月を天井として、この高値を今後超えてこないとすると、２０２１年まで下げ相場となります。

２０１８年10月が、先ほどまで話してきたような10年来の大相場の大天井とならなかったとしても、少なくとも3年程度は下げることになります。

【上昇し、下げる周期は３〜８年！（月足）】

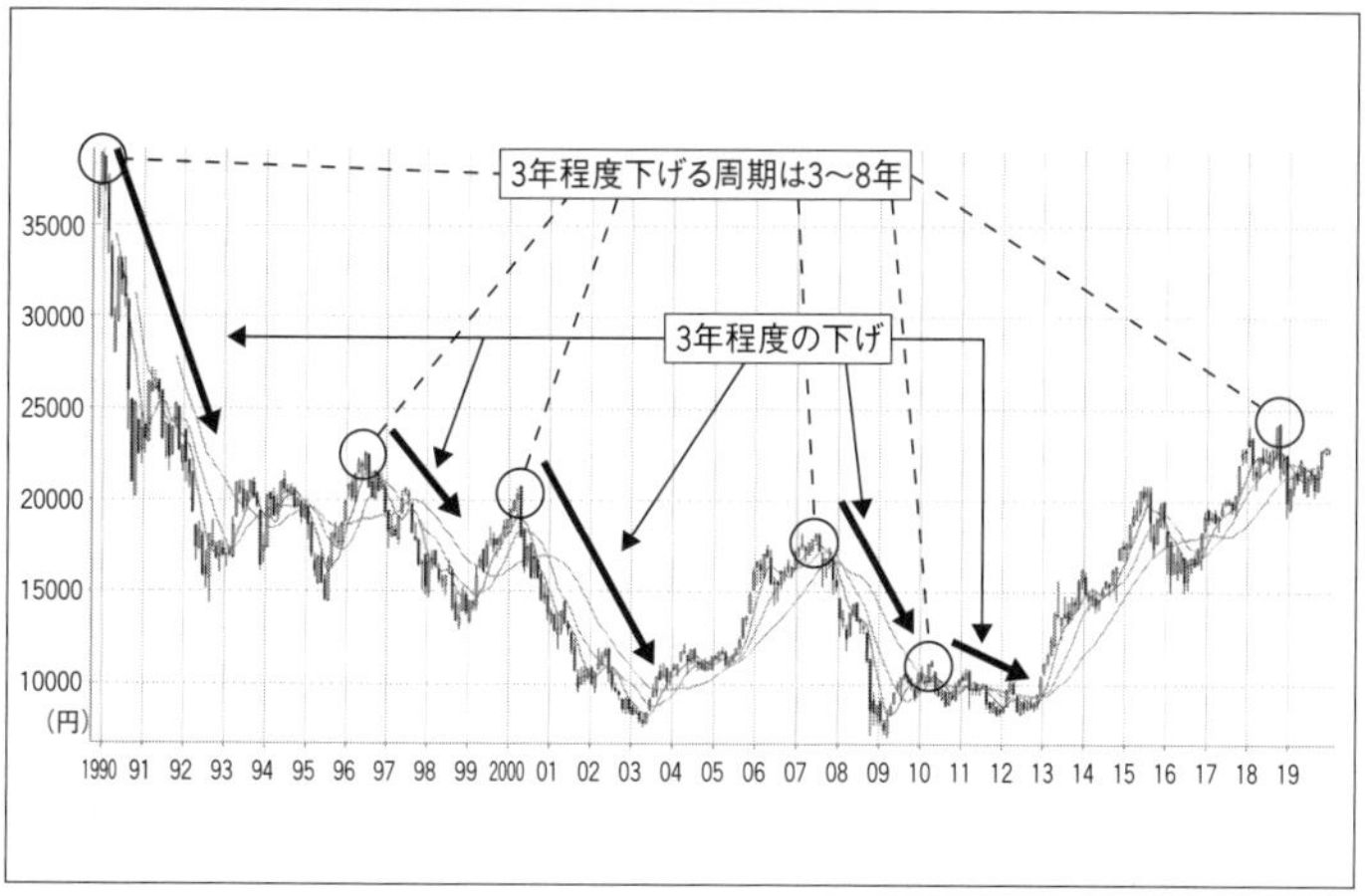

ということで、２０１８年の天井後、長期の下げにはならず短期の下げで済んだとした場合でも、２０２１年あたりまでは下げることになりますし、長期の下げになった場合には、２０２３〜２０２４年まで下げるということになります。

いずれにしても、この先数年間は今までのようにグングン上がっていく相場状況ではなさそうです。

5 株式投資で儲けられない時代へ突入

■株で「稼げる」時代に突入

このように、あなたが２０１２年～今までのような相場環境をイメージした思考でいる限り、これから数年間は株で儲けることができなくなる可能性が高くなります。

下降相場になってしまえば、株を買って儲けることが難しくなるからです。

個人投資家が株で儲けることができない時代に突入しそうなのです。

ここ大切なので、もう一度言います。

「投資家として儲けることができない時代に突入」するのです。

では、もう今後は株で利益を出すチャンスはないのでしょうか？

もう株はやらないほうがいいのでしょうか？

そんなことはありません。

チャンスはあります。

それは株で「儲からない」と言っているのであって、「利益が出ない」と言っているのではありません。

実は、これからは株で「稼げる時代」に突入するのです。

「？」

「何を言ってるの？」

「儲からないと言ったり、稼げると言ったり」

「一体どっちなの？」

と思うのではないでしょうか。

私が言っているのは「儲からない」であって、「稼げない」とは言っていません。

私は常日頃から、この「儲かる」という言葉と「稼ぐ」という言葉を使い分けています。

「儲かる」というと、どういうイメージを持つでしょうか？

あたかも簡単に、楽して株で大儲けできるというイメージにならないでしょうか。

でも、「稼ぐ」というと、そうではなく、努力して一生懸命、継続的に収益を上げるというイメージになりますね。

2012年からこれまでは、それなりによい銘柄と思われるものを市場からピックアップして、それを適当なところで買って、そのまま放置し、ほったらかしにしておけば基本的にはグングン上がってきたと思います。

要するに、それほど銘柄を厳選しなくても全体相場の流れにうまく乗れた結果、儲かったのです。

しかし、今後は相場の流れがあやしくなってきています。

そんな時代には、もっと頭を使って稼いでいかなければならないのです。

その稼いでいく方法はいくつかあるのですが、その一つの方法として「カラ売り」があるのです。

さあ、カラ売りを使ってどんどん稼いでいきましょう！

第2章

これだけで十分！「カラ売り」の基礎知識

1 カラ売りは「信用取引」の一つ

■信用取引とはお金や株を借りて行う取引

第1章で、株価が下がれば下がるほど利益を得られるのが「カラ売り」である、という話をしました。

正確に言うと、「**信用取引**」を利用した「カラ売り」です。怖いと言われがちな信用取引ですが、仕組みを知り、ルールを守れば、まったく危ないものではないことがわかります。

まず、信用取引とは、どのような取引なのか説明しましょう。

通常、株の取引をする際には、証券会社に口座を開き、そこにお金を入れて、そのお金を元手に株を買います。

買った株は、そのままずっと保有し続けることもできますし、値上がりしたら売って利益を得ることもできます。これが「**現物取引**」です。

【信用取引は「買い」と「売り」がある】

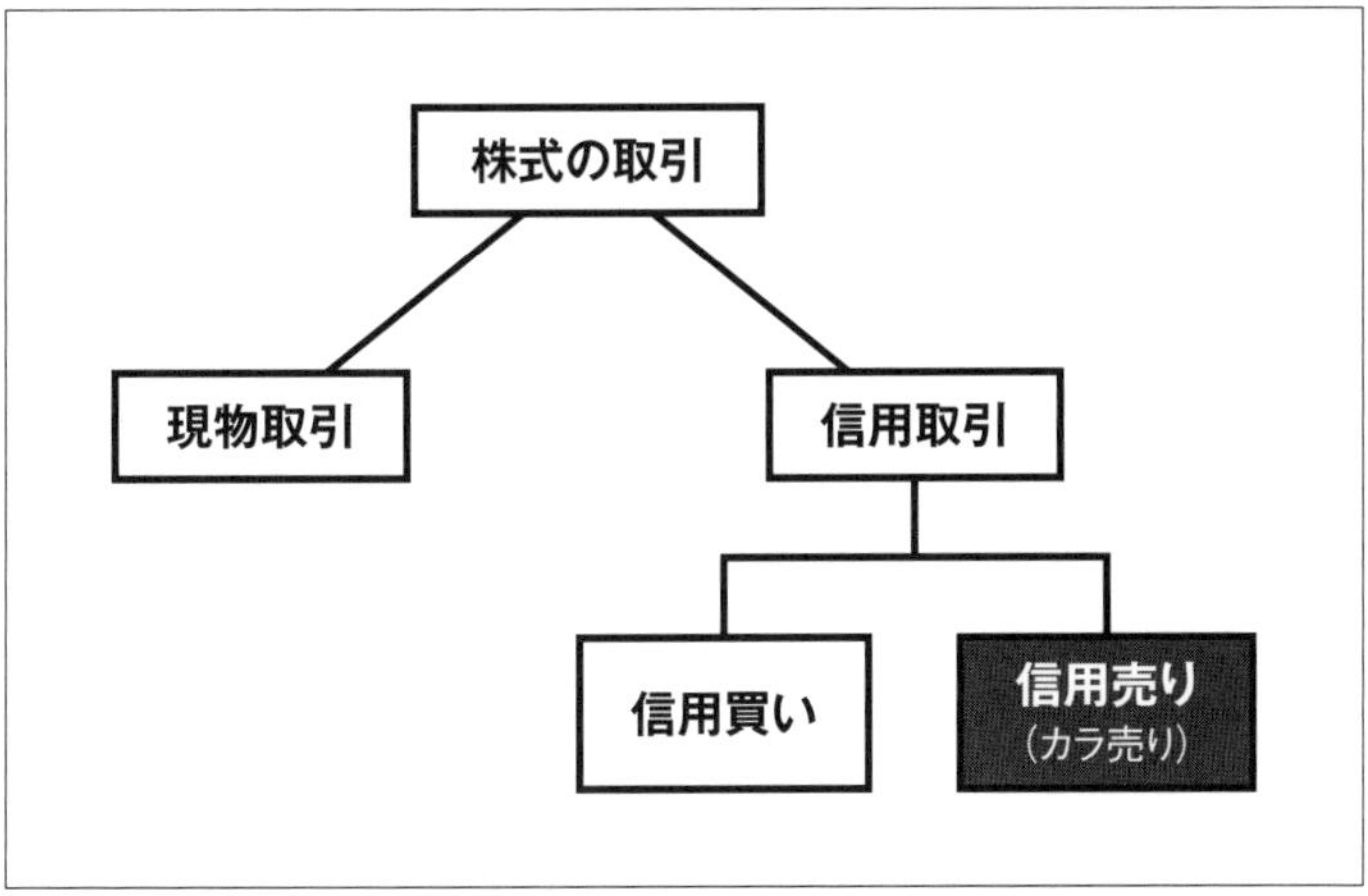

一方「信用取引」とは簡単に言えば、現在持っている株式やお金を担保として証券会社に預け、証券会社からお金を借りて株を買ったり、株券を借りてカラ売りしたりする取引のことです。

つまり**信用取引には「信用買い」と「信用売り」の2種類がある**のです。

個人投資家やトレーダーの中には、「信用取引＝カラ売り」と理解している方がいますが、これは間違いです。

これらを整理すると、上図のようになります。

■信用取引のメリットは大きく分けて二つ

では、証券会社からわざわざお金を借りた

り、株券を借りたりして信用取引をするメリットは何なのでしょうか？

信用取引のメリットは大きく分けて二つあります。

・手持ち資金の約3倍の取引ができる

一つ目のメリットは、手持ちの資金よりも多くの金額の取引が可能となる点です。具体的には、**手持ち資金の「約3倍」の金額の取引ができる**ようになります。

手持ち資金より大きな金額の取引ができるのでレバレッジ（梃子《てこ》の原理）が働き、利益が出れば大きく稼ぐことができます。ただし、損失が出ればその分多くの資金を失ってしまいます。

信用取引では、次ページ上図のようなレバレッジを効かせた取引ができるのです。

このようにハイリスクハイリターンの取引になりがちなので、現物株を取引する以上にリスク管理が大切になります。

したがって、ロスカット等のリスク管理ができない人や、リスク管理をしようとしない人は絶対にしてはならない取引になります。リスクを減らす考え方については第7章、第8章で解説します。

【手持ち資金の約３倍の取引ができる】

資金100万円 → 300万円くらいまで取引可能

資金300万円 → 900万円くらいまで取引可能

【カラ売りのイメージ】

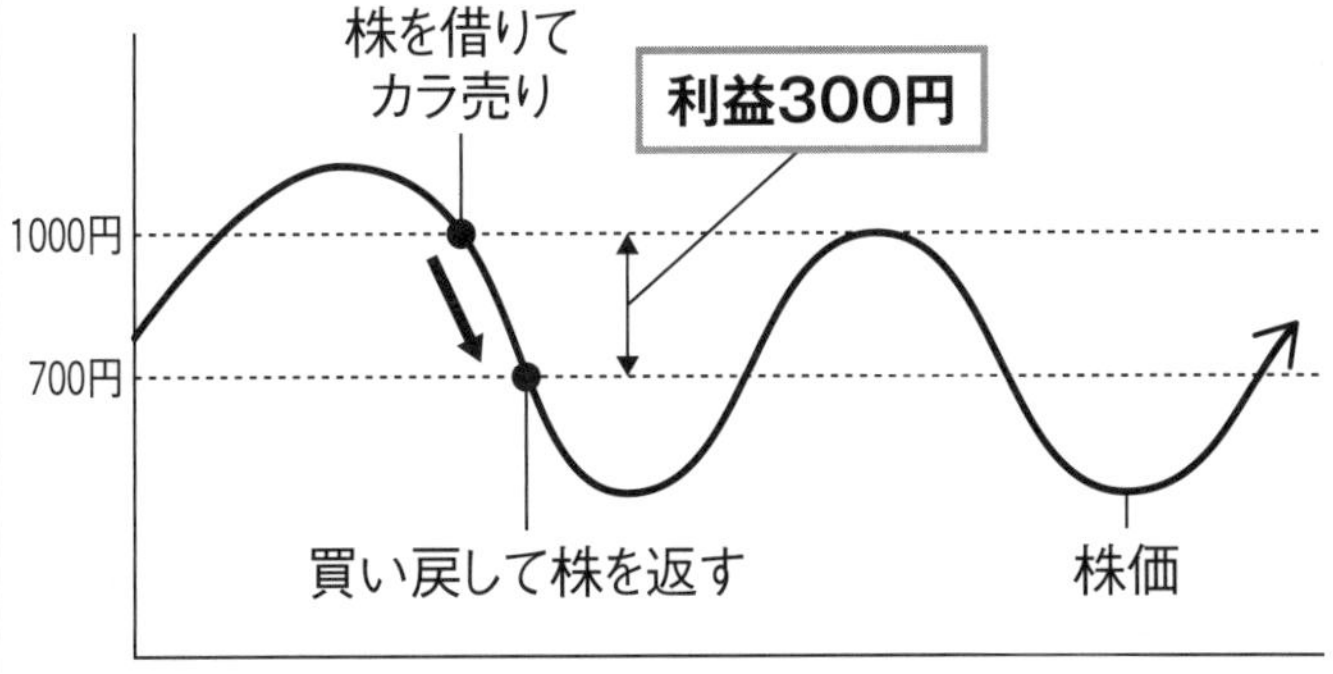

1000円でカラ売り→700円で買い戻し
→株価が下がっても利益が出る!

・「売り」の取引ができる

二つ目のメリットは、**「売り」から仕掛けることができる**点です。

これを**「カラ売り」**と言います。株価が下がると利益が出る取引になります。

具体的には、証券会社から株を借りて、その株を市場で売り、下がったら買い戻して証券会社に返すことで利益になる取引です（前ページ下図）。

この信用取引を使うことによって、株価が上がっても下がっても利益を出せるようになり、うまく立ち回れば一年中稼ぐことができるようになるのです。そうすることで、トレードをビジネスにすることができるようにもなります。

すごく便利な仕組みだと思いませんか。

2 信用取引の「買い」で仕組みを解説

■6カ月以内に清算しなければならない

もう少し詳しく信用取引について説明しましょう。説明にするにあたっては、「買い」

のほうがわかりやすいので「買い」の仕組みでお話しします。売りについても、基本的には同じです。

信用取引で買うことを「買新規《かいしんき》」と言います。

そして、信用取引を使って買うことを「買建《かいだ》てる」と言い、そのポジションのことを買《かい》玉《ぎょく》と言います。

「買新規によって、買建てる」という言い方になります。

信用取引で買ったあとは、ずっと持ち続けられるのかというとそうではなく、**買った日から6カ月以内に清算しなければなりません。**

つまり、買った日から6カ月以内に売らなければならないのです。売らない場合は強制的に決済となり、売りたくなくても売られてしまいます。

次ページの図は、信用取引の買いの仕組みです。

では、信用取引で買ったものを売るにはどうすればよいのでしょうか？　信用取引で買ったものを売ることを「売返済《うりへんさい》」と言います。

売返済を行い、差額で清算します。これを反対売買、差金決済と言います。

【「信用買い」の仕組み】

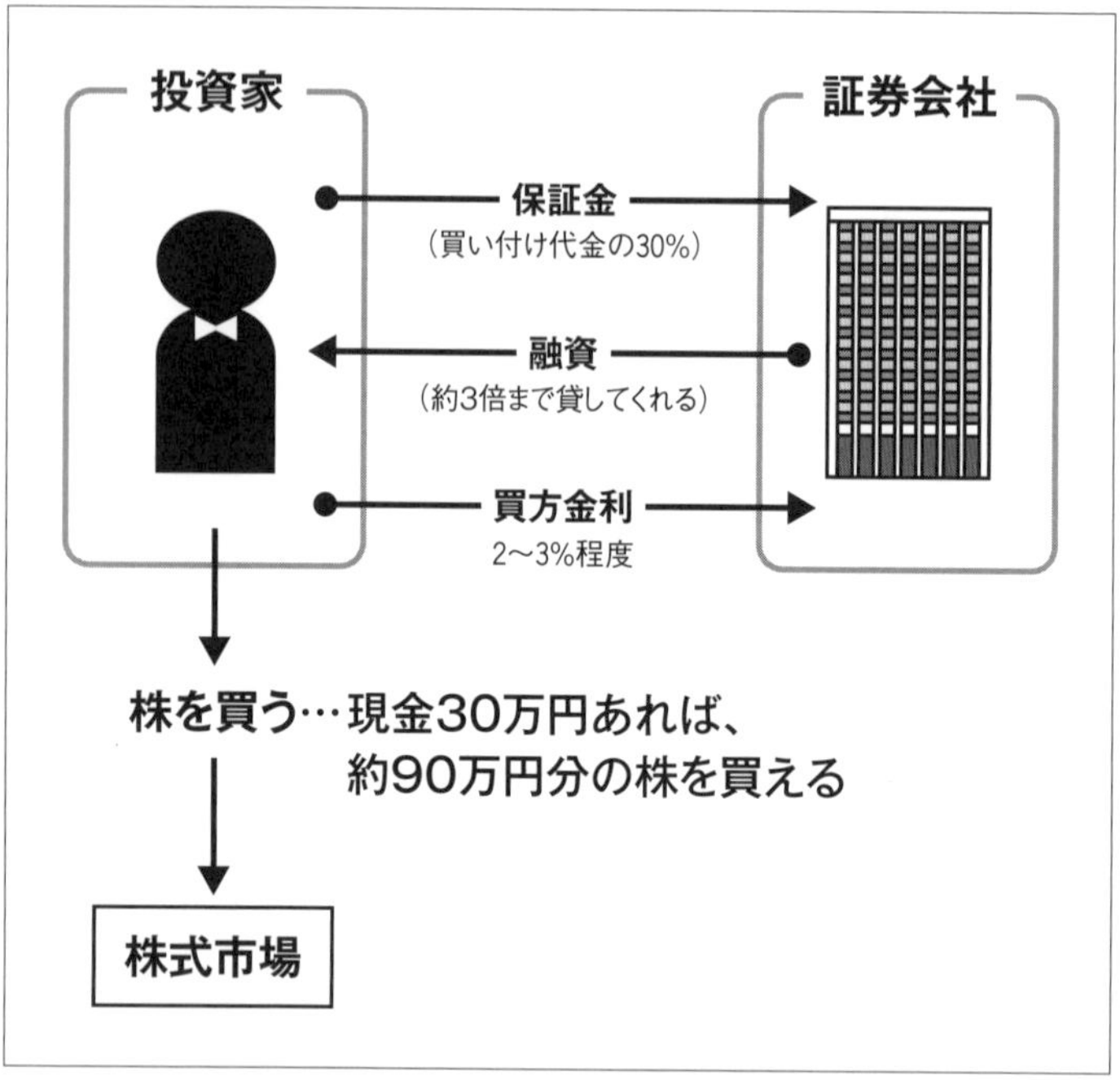

【「売返済」の仕組み】

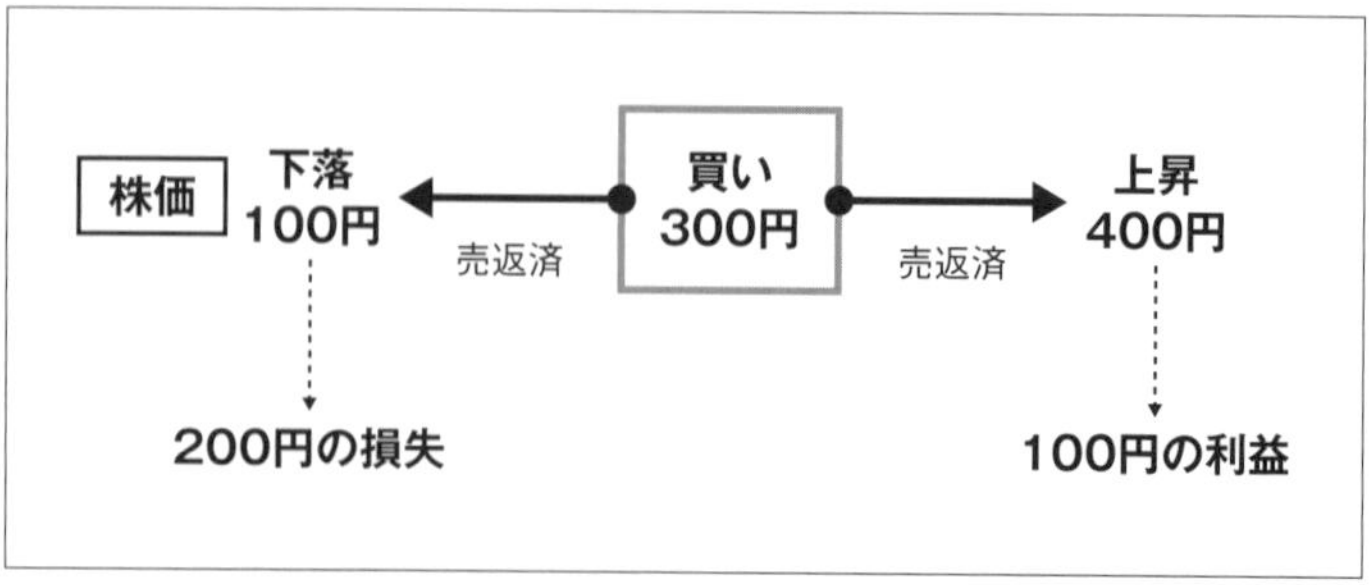

この図のように、300円で買ったものが400円まで上がったときは利益になり、逆に300円で買ったものが100円まで下がったら損失ということになります。これは通常の現物取引で株を買ったときと考え方が同じです。

ただ、信用の買いの場合は、返済期限（6カ月以内）があるということと、金利がかかりますので（55ページ）、その点が現物の買いと異なるところです。

なお、6カ月の返済期限があるといっても、実際には期限がないものと同じように取引することができます。その方法は200ページでお話しします。

ちなみに、他の返済方法としては、「品受け」（現引き）もありますが、本書では使わないので触れないでおきます。

3 信用取引の「売り」の仕組み

■「カラ売り」は株価が下がったときに利益が出る

では、いよいよ信用取引の「売り」の仕組みを見ていきましょう。

信用取引で売ることを「売新規《うりしんき》」と言います。この**売新規のことを一般的に「カラ売り」（空売り）と呼んでいます。**

そして、信用取引を使って売ることを「売建《うりだ》てる」と言い、その売ったポジションのことを売玉《うりぎょく》と言います。

売玉の返済期限ですが、これも6カ月で、買新規のときと同じです。売った日から6カ月以内に買わなければ（買い戻さなければ）なりません。買わない場合は強制決済となり、買いたくなくても買われてしまいます。

次ページの図はカラ売りの仕組みです。

では、信用取引で売ったものを買うには、どうするのでしょうか？

［「カラ売り」の仕組み］

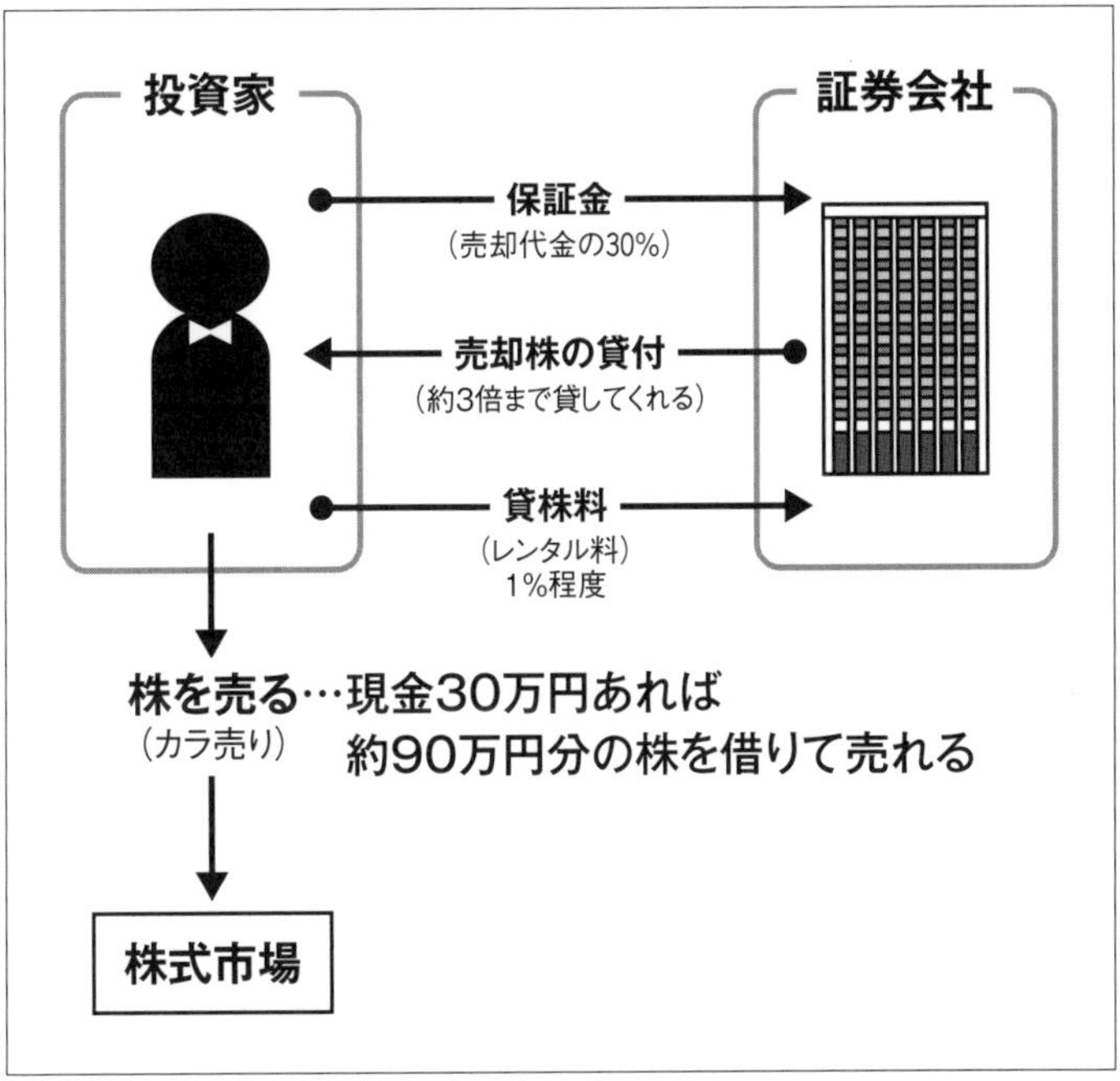

［「買返済」の仕組み］

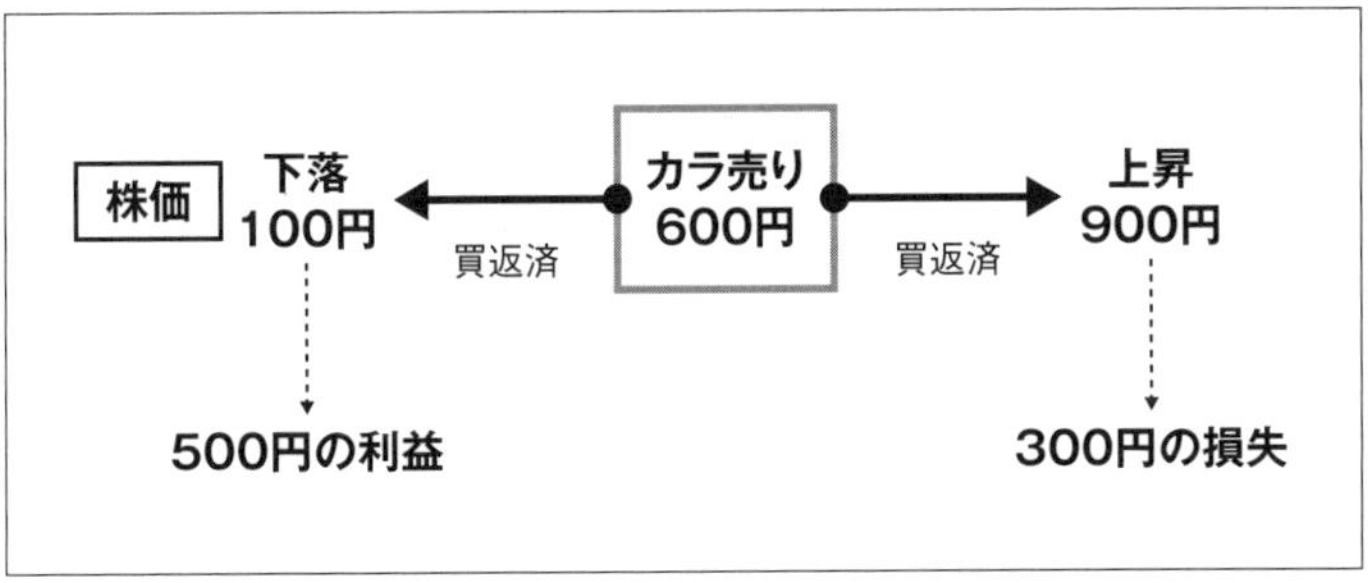

信用取引で売ったものを買うことを「買返済《かいへんさい》」または「買戻《かいもど》し」と言います。買返済を行い、差額で清算します。これを反対売買、差金決済と言います。

この図のように、600円でカラ売りした株の価格が100円まで下がったときは500円の利益になり、逆に600円でカラ売りした株が900円まで上がったら300円の損失になります。

これは通常の現物取引の「買い」の反対になりますので、はじめのうちは戸惑うかもしれませんが、すぐに慣れると思います。

■**売りの場合もいくらかの費用がかかる**

また、先ほど述べたように信用の売りの場合も、6カ月の返済期限があります。

信用売りの場合は、株を借りるときの品貸料《しながしりょう》がかかりますし、場合によっては逆日歩《ぎゃくひぶ》（55ページ）もかかりますので、注意してください。

ちなみに、他の返済方法としては、「品渡し」（現渡し）もありますが、本書では使わないので、触れないでおきます。

4 信用取引はどの銘柄でもできる？

信用取引は、上場しているすべての銘柄でできるというわけではなく、信用取引ができる銘柄とできない銘柄があります。

■制度信用取引は取引所が指定

話は少し細かくなりますが、信用取引には**「制度信用取引」**と**「一般信用取引」**の2種類があります。

「制度信用取引」は、これまで説明してきたように返済期限が6カ月で、品貸料や権利処理方法などは証券取引所が決めているものです。

取引できる銘柄は、一定の基準をクリアしていて、これならOKですよと取引所が認めた銘柄で、**「信用銘柄」**と**「貸借《たいしゃく》銘柄」**の2種類があります。

信用銘柄というのは、「信用買いのみ可能で、カラ売りはできない銘柄」です。

【2種類の信用取引】

制度信用取引	一般信用取引
〈信用銘柄〉 →信用買いのみできる 東証一部…約300 二部…約350 〈貸借銘柄〉 →信用買いも 信用売りもできる 東証一部…約1850 二部…約 140	各証券会社が 取引条件を 決めている →原則すべての 上場銘柄が 対象になる

貸借銘柄というのは、「信用買いもカラ売りも両方可能な銘柄」です。

ですので、あなたがカラ売りできる銘柄は、基本的には「貸借銘柄」ということになります。

それぞれの条件と取引できる銘柄の数は、図のようになっています（東証一部・二部銘柄のみ。2019年7月現在）。図を見てもらえればわかるように、全銘柄でカラ売りができるわけではありませんが、多くの銘柄でできるということです。

では、これらの銘柄をどうやって見分けるのでしょうか？

貸借銘柄は、日本経済新聞や朝日新聞、読

売新聞、毎日新聞等の株式欄を見ると、銘柄名の前に「・」がついているので見分けることができます。

■一般信用取引は証券会社が指定した銘柄

一方、「一般信用取引」は、各証券会社が取引条件を決めています。したがって、先の制度信用で貸借銘柄になっていない銘柄であっても、証券会社が株を調達してカラ売りできるものもあります。

また、返済期間についても期限がないなど、証券会社によって条件は異なります。

5 信用取引には担保がいる

■最低30万円を証券会社に預ける

信用取引を行うためには、「委託保証金」という担保を証券会社に差し入れなければなりません。現金でも、保有する有価証券でもＯＫです。

委託保証金の金額は「取引金額の30％」です。ただし、取引金額の30％が30万円に満たないときは30万円以上となります。つまり最低30万円ということです。

実際は証券会社によってこの30％の率は異なり、30％より高いところもあります。

委託保証金は現金で入れるのが基本ですが、実は保有している株式を委託保証金に充当させることもできます。

■塩漬け株を利用すれば現金はいらない！

「株は持っているんだけど、損しているから売らずにほったらかしているんだよ」

というように、いわゆる「塩漬け株」を持っている方も多いのではないでしょうか。

塩漬け株とは、現在の価格が買ったときよりも下がっていて、売ると損が出るために、やむをえず長期保有している株のことを言います。

そんな方は、**今現金がなくても保有している塩漬け株を委託保証金として証券会社に預けることによって信用取引ができます**（このように委託保証金の代わりとして預ける手持ち株等のことを「代用有価証券」と言います）。

もちろん、含み損になっていてもかまいません。例えば、数年前に株価６００円のとき

【代用有価証券とは】

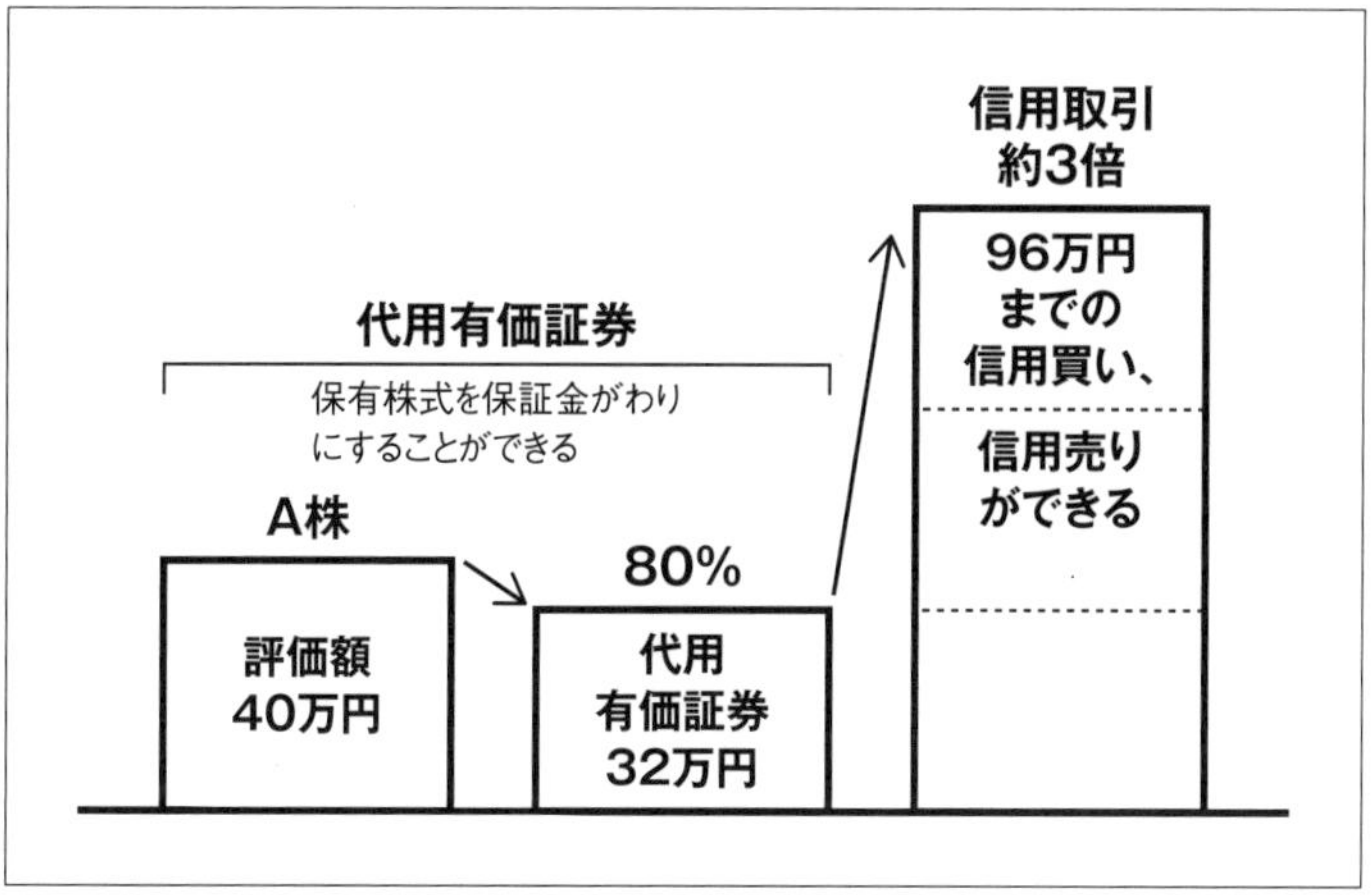

に１０００株買ったA株（60万円分購入）が値下がりしていて、今は４００円になっていたとします（評価額が40万円になる）。

A株は損をしており、売るに売れないので、保有したままこの株を証券会社に預け、下がると思う別の銘柄をカラ売りすることができます（もちろん保有しているA株のカラ売りもできます）。

ただし、株式を保証金にするときは、株価変動のリスクがあるため、保有している株式の評価額に一定割合を掛けた金額が担保としての金額になります。

証券会社や銘柄によって違いますが、通常は80％くらいの掛け率になります。

先のA株のように評価額（時価）が40万円であれば、32万円として評価されます。

当然、株価が変化すれば保証金も変動します。そのため、株価が下がって委託保証金が不足する（減少する）こともあります。

信用取引で大きく損失が出た場合には、委託保証金となっている株が強制決済されてしまうこともあるので、注意が必要です。

6 「追証は、わかっていれば怖くない」

■大きく損したときの「追証」って？

信用取引と聞いたときに、みなさんが恐れているのが、この「追加保証金」でしょう。

一般的には「追証《おいしょう》」と言われているものです。

信用取引で大きな損失を出してしまったとき、証券会社に差し入れている保証金が足りなくなることがあります。そうしたときに追加で証券会社から求められる委託保証金（担保）のことです。

［追証が求められるのは］

信用建玉 × 25% ＞ 委託保証金 － 建玉の評価損

この保証金維持率は
証券会社によって異なりますが、
ここでは25%で考えてみます

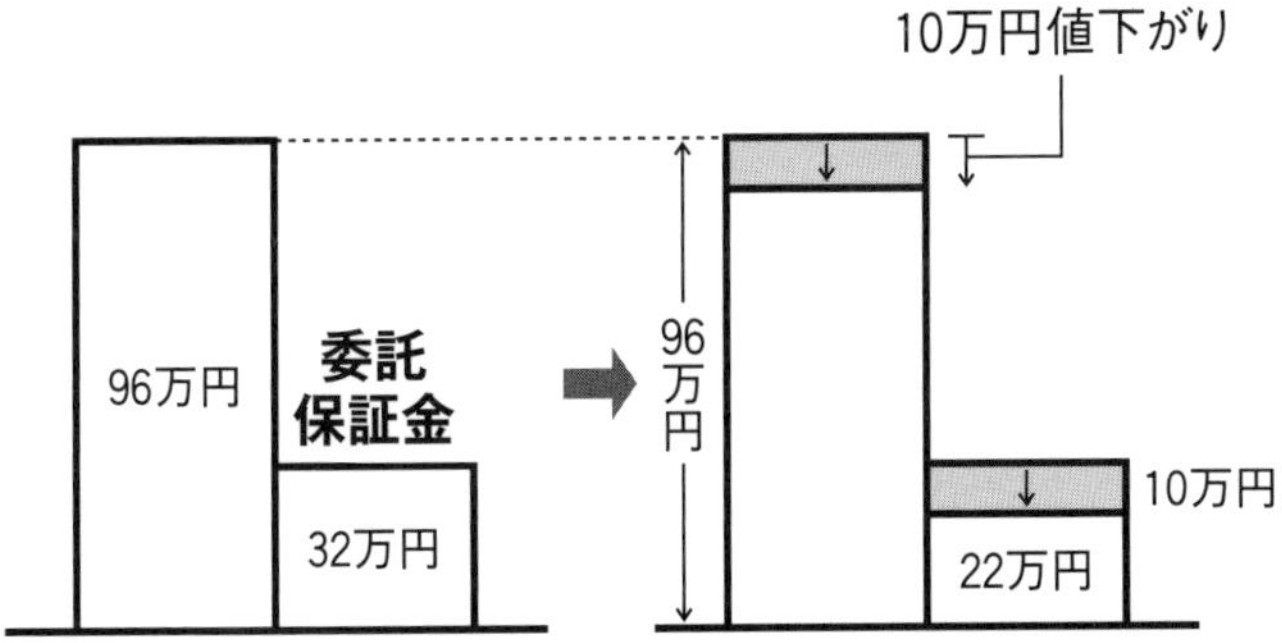

96万円×25%=24万円

委託保証金32万円－10万円=22万円

96万円の25%の24万円を切って
いるため追証が必要になる

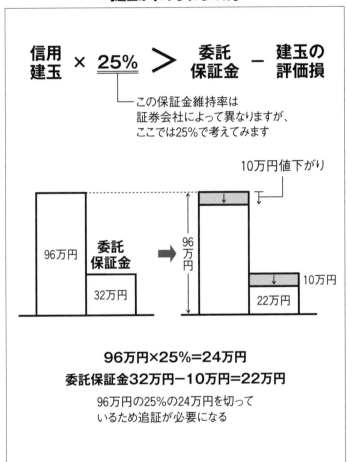

前ページ図は、追証が発生するときの計算式です。

この図で「25％」とあるのは、保証金維持率と言って、この率を下回ったときに追証がかかることになります（この例では25％としましたが、率は証券会社によって異なります）。

■フルレバレッジで委託保証金の30％超が追証の目安

追証がかかるときのざっくりとしたイメージとしては、例えば、レバレッジを目いっぱい近くの3倍にして取引し、そのとき入れている委託保証金の30％を超えるくらいの含み損を抱えたときとなります（保証金維持率が25％の場合）。

前ページの図では32万円の委託保証金ですが、10万円のマイナスで追証がかかっています。

通常はこんなことにはならないのですが、「レバレッジの効かせすぎ」と「ロスカットをせずにほったらかしにする」と発生する可能性が高まりますので、注意が必要です。

なお、信用取引では現物取引と異なり、買い方にも売り方にも費用がかかってきます。主なものを次ページ表にまとめました。通常、それほど大きな影響はありませんが、知っていたほうが安心です。

【信用取引にかかる諸費用等】

日歩（買方金利）

建玉が100万円の場合
……100万円×約２％÷365日＝約55円／日

信用取引の「買い」では、証券会社から資金を借りて買うことになります。そのため、借りた資金に対して金利が発生します。年利表示ですが、それを日割り計算した利息額が日歩です。年利は約２～３％です（証券会社によって異なる）。

貸株料（品貸料）

建玉が100万円の場合
……100万円×約１％÷365日＝約27円／日

信用取引の「売り」では、証券会社から株を借りて売ることになります。その株を借りるための貸し出し代金が貸株料です。年率で、日割り計算されます。年利約１％です（証券会社によって異なる）。

逆日歩

信用取引の「売り」が「買い」を上回ると、貸し出す株が不足します。その不足する株の分は、機関投資家などから借りて調達します。このとき機関投資家等に払う借り賃が逆日歩です。株を借りて売り建てているほうにかかります。１株あたり１日につき何銭というようにかかります。

7 カラ売りのレバレッジは1倍で

■通常の現物取引と変わらない

「はじめに」でも書いたように、「カラ売り」には「怖い」「危険」というイメージがあります。

それはおそらく、今までこんなことを耳にしたからだと思います。

「カラ売りで大損し借金まみれになった」

「死んだおじいちゃんから信用取引だけはやるなと伝えられている」などなど。

「カラ売りは怖いし危険だからやってはいけない」というように、「カラ売りは危険だ」と語られることが多いのです。

これは、カラ売りは株価が上昇すると損する取引なので、株価の下落と違って上昇には天井がないことから、もし急騰すると大きくマイナスになるために言われるのだと思います。

でも、通常の現物買いのときと同様に、カラ売りのときも自分なりのルールを決めて、「こうなったらカラ売りする」「こういうときにはロスカットをする」（損しても買い戻す）と前もって決めておけば、通常の買いと、リスクは何ら変わりません。

カラ売りで大きく損をした人は、株価が上がっているのにロスカットをせずに損失を膨らませたままほったらかしにしたり、信用取引のレバレッジを3倍まで目いっぱい効かせたからだと思います。

そんなことをしなければ、カラ売りで大損をすることはないからです。

自分で決めたルールに従って売買し、思惑と逆に行ったときはロスカットする。

買いの場合もカラ売りの場合も、大切なのはルール作りとリスク管理であって、信用取引やカラ売り自体が危険なのではありません。

昔と違って、今はロスカットの金額を簡単に設定することもできます。

■レバレッジはかけずに1倍で取引

カラ売りをするためには信用取引口座が必要なのですが、この信用取引には落とし穴もあります。

例えば、通常の取引（現物取引）であれば100万円の投資資金を持っていれば100万円分しか取引できませんが、信用取引を利用すれば、その約3倍である約300万円分の取引ができてしまいます。

このような行為を「レバレッジをかける」と言いますが、簡単に言うと証券会社から手元の資金以上の金額を借金して、身の丈に合わないレベルの取引をするということです。

素人がこれを始めると、どんな気分になるでしょうか？

お金持ちでないにもかかわらず、何かお金持ちになったような気分になります。

本当は100万円しか持っていないのに、300万円持っているかのような気分になってしまうのです。そうして、金銭感覚がマヒしてしまい、自己資金以上の取引をガンガン行うようになります。

このように、現実を直視した資金管理ができなくなることが多いので、信用取引の初心者の方にはレバレッジをかけることをお勧めしません。

仮に保証金を50万円入れているのであれば、レバレッジ1倍の50万円分の取引をするようにしてください。

もちろん、初心者であってもリスク管理がしっかりできるのであれば、レバレッジをかけても大丈夫ですが、基本的には最初はやめたほうがよいと思います。

8 「信用取引口座」を開設しよう

■口座はだれでも開けるわけではない

ここまで、信用取引の大まかな仕組みと注意点をお伝えしてきました。

もう信用取引は怖くなくなってきたはずです。では次に、実際に売買するための口座を開設することにしましょう！


株価が下がったときに利益が出るカラ売りですが、これを行うためには、通常の証券口座ではなく、「信用取引口座」が必要になります。


では、信用取引口座を開設するためには、どうすればいいのでしょうか？

また、この口座はだれでも開設できるのでしょうか？

実は信用取引口座はだれでも開けるわけではなく、一定の条件があり、審査があります。

その審査に通らなければ開設することができません。

では、その審査内容についてわかりやすく解説していきましょう。

■信用取引口座を開くには「取引経験」が必要

信用取引をするためには、まずその専用口座を開設する必要があります。

そのさい、取引したい証券会社を選ぶところから始めますが、その証券会社で現物取引ができる「総合取引口座」を保有している必要があります（65ページ）。

信用口座開設の申し込みはインターネットか店頭で行いますが、ネットで売買できる証券会社であれば、ネットからの申し込みでいいでしょう。

証券会社のホームページから申し込んだ後、特に不備等がなければ、次に審査が行われます。

審査の結果ですが、申し込んだ日から2～3日程度で出る証券会社が多いようです。

では、その審査でどのようなことを聞かれるのでしょうか？

各証券会社によって多少の違いはありますが、信用取引の審査では主に左記のことがチェックされます。

- 年齢
- 資産
- 取引経験
- 信用取引の理解度
- いつでも連絡が取れる連絡先の有無
- インターネット環境の有無
- 本人のメールアドレスの有無

このような審査をなぜわざわざするのでしょうか。

理由は、信用取引というものが現物株の取引よりリスクが高いからです。

これまで述べたように、信用取引では証券会社に差し入れている現金や株などの担保（委託保証金）の約3倍まで売買することができ、自分の資産以上の金額を取引することができます。

また、委託保証金以外にも「金利」や「貸株料《かしかぶりょう》」や「逆日歩《ぎゃくひぶ》」などの諸費用も必要になります。

そのため、証券会社は、

「あなたは信用取引というものをちゃんと理解しているのか」

「あなたは委託保証金が足りなくなったときの追加の入金（追加保証金）にも対応できるのか」

などを見極める必要があるのです。

9 信用取引の審査に落ちる人とは？

■資金と経験を問われる

これらの審査を無事通過できれば、信用取引口座を開設することができます。

では、どんな人が信用取引口座開設の審査に落ちてしまうのでしょうか。

まず年齢です。上限を80歳としているところがほとんどです。また未成年は口座開設不可としている証券会社もあります。

次に資産ですが、「十分な金融資産があるか」を聞かれます。

具体的にいくらあればいいのかについては、それぞれの証券会社で基準が異なりますが、「100万円」を目安にしている証券会社が多いようです。

ですので、保有金融資産が100万円以下の場合、審査に落ちる可能性があるでしょう。

取引経験については、「十分な取引経験があるか」を聞いてくる証券会社があります。経験に必要な年数をはっきりとは書いていない証券会社でも、半年～1年以上の取引経験がない人は審査に落ちる可能性が高くなるでしょう。

個人的にはこの考え方はおかしいと思っていて、取引経験とは日数や年数ではなくて、取引の回数ではないでしょうか。

ですので、たとえ取引経験が1カ月しかなくても、そのひと月の間に、何十回、何百回と取引をしていれば、数年前に一度だけ売買して、年数だけは経っている人よりも経験値は高いと思っています。

ただ、証券会社としては、そうした「回数」ではなく、「期間」を気にするようです。

■連絡先は大事

また、連絡先の不備がないかもチェックです。

申込みのときに、連絡先を正確に記載しているかどうかも確認しておいてください。

信用取引では、買玉（信用買いしている株）や売玉（カラ売りしている株）の評価損（含み損）が発生した際、差し入れている委託保証金を評価損分に充当します。

この委託保証金が大きく減ってくると、先に述べた「追証《おいしょう》」と一般的に呼ばれる追加保証金の入金を求められます（52ページ）。

仮に追証になった場合の入金期限ですが、翌営業日とか翌々営業日までとか、すごく短い期間になるので、証券会社側からすると、あなたと連絡がすぐに取れるかどうかが非常に重要になるのです。

また、電話に出ることができないときのために「あなた専用のメールアドレス」の登録も必ず行ってください。

というのは、証券会社からの連絡ですが、お金に関することが多いので、本人以外には伝えられない場合もあるからです。

連絡先がはっきりしていないために審査に落ちてしまうことは、避けなければなりません。

■審査に通るポイントは

では、どうすれば信用取引口座開設の審査に通るのでしょうか。

審査に通るためには、「信用できる人物であること」を証券会社にわかってもらう必要があります。

信用してもらえるかどうかは、口座を開設する証券会社選びから大切になってきます。

信用取引口座の開設には、現物株取引のできる「総合取引口座」を持っていることが条件です。

総合取引口座は信用取引口座の申し込みと同時に作ることが可能ですが、まったく初めての人を信用できるかできないか、すぐには判断できません。

初めての証券会社で申し込むと、問題がない人でも審査に時間がかかる可能性がありま す。

場合によっては書面への記載（ＨＰ上への入力）だけでなく、電話で詳細を聞かれることもあります。

今現在、利用している証券口座を変更する理由が特にない場合は、これまで現物株を取引していた証券会社で信用取引口座を開設するようにしてください。

こうして以前からお付き合いのある証券会社であれば、これまでのあなたの取引状況から取引経験や知識の有無、資産状況、連絡先もわかっているので、審査を早く有利に進めることができます。

では、「投資経験がない場合」または「取引経験が少ない場合」はどうすればいいでしょうか？

今まで使っていた証券会社でも、取引経験がほとんどなければ、どうしようもありません。

「現物株の取引経験が数カ月しかない」という人は、少なくとも半年ほどはそのまま取引を続けて、その後に信用取引口座の申し込みをしてみてはどうでしょうか。

「現物株の取引を今から始める」という初心者も同様です。

塩漬け株をどうしても売れないときは

あなたが株式投資の経験者であれば、含み損のままほったらかしにしている株の一つや二つは持っているのではないでしょうか。

そのような株は、株価が高値圏のときに買っているケースが多く、そのままほったらかしにし、下がり続けているか、もしくは底打ちして戻ってきてはいるものの、まだまだ買値にはほど遠いのではないでしょうか。

「買値に戻ってくるまで待ちたい！」

「損したくない！」

その気持ちよくわかります。私も株を始めた当初はそうでした。

全体相場が上昇相場であれば、大目に見て、しばらくほったらかしという選択肢もよいでしょう。

ただ、10～12年周期の天井圏から相場全体が下がるときであれば、ここは損を覚悟で売らなければなりません。

そうしないと、今以上に損失を膨らませてしまう可能性があるからです。

おそらくこのようなときは、個々のチャートに長期的な売りサインが出ると思います。ここで売っておかないと次の天井は10～12年後になるかもしれません。

10～12年の塩漬けですね。

では、株主優待を受けたいなど、どうしても売りたくないときは、どうすべきでしょうか？

もし、保有する銘柄の価格が下がりそうだと思っても、どうしても売りたくない場合は、その銘柄は保有したまま、その銘柄をカラ売りすればいいのです。

そうすれば、買いと売りの両方のポジションを持つことになりますので、下がっても損失が膨らまないことになります。

そして、底打ちし、上昇していくところでそのカラ売りした銘柄を買い戻せば、下げた分の損失はなくなります。

このように、どうしても売りたくないというときに、カラ売りを利用することもできますので、「カラ売り自体で稼ぎたいと思わない人」もカラ売りができる状態にしておくと便利です。

ただ、信用取引には6カ月の期限がありますので（41ページ）、その点には注意してください。

第3章

カラ売りは怖い?
その常識は間違っている

1 カラ売りは難しくない

■カラ売りのほうが稼ぎやすい?

私は個人投資家を個人トレーダーにすべく、株式スクール冨田塾という塾を運営しています。

この塾では株のトレードを教えており、どんな株を買うのか? その株をいつ買うのか? その株をいつ売るのか? を教えています。

ただ、買いだけを教えているのではなく、どんな株をカラ売りするのか? その株をいつカラ売りするのか? その株をいつ買い戻すのか? というように「カラ売り」についても教えています。

なぜカラ売りも教えているのかというと、株式市場はいつも上昇するわけではなく、下降することもあり、**株式市場の下降時には、カラ売りを使ったほうが通常の「買い」よりも稼ぎやすい**からです。

そのため個人トレーダーを目指す方には、「買い」だけではなく、「カラ売り」もやりましょう、と伝えています。

■カラ売りは単に「買いの反対」

「カラ売りをやりましょう！」と言うと、必ず一部の人からこんな言葉が返ってきます。

「カラ売りは難しいからやめておきます」

「買いのほうが安全だから買いしかやりません」

また、

「カラ売りを勧めるなんてどうかしてるんじゃないの？」

「私にリスクが高い取引を勧めるの？」

など、批判的なものまであります。


では、本当にカラ売りは難しいのでしょうか？　やってはいけないものなのでしょうか？

いや、やるべきです。

カラ売りが難しいとか、危険だとかいうのは単なる思い込みで、決して難しくないですし、危険でもありません。

カラ売りとは、ただ単に「買いの反対」なのです。

通常の取引をしているときに、「上がる」と思ったものを買うのと同じように、「下がる」と思ったものをただ売る（カラ売りする）だけなのです。

2 「カラ売りで破産するわけではない」

■初心者こそカラ売りに向いている？

私が株の初心者の方や経験が浅い方に「カラ売りをやりましょう」と言うと、「いやいや私はまだまだ初心者だから、まずは買いから…」ということをよく言われます。

果たしてそうでしょうか？

「初心者は買い」だけなのでしょうか？

私は初心者こそカラ売りをするべきだと思っています。

というのは、初心者が普通に株式取引を勉強して普通に株を買うと、普通に損をするからです。

相場環境などにもよりますが、データ的には個人投資家の7～8割くらいは損をしているとも言われています。

それほど初心者が株で利益を出すことは難しいのです。

ということは、どういうことが言えるのか？

「初心者が株を買いたいと思うところ」で、逆にカラ売りをすればうまくいくのではないでしょうか？

そうです。**「初心者が買いたくなるような局面」こそ、絶好のカラ売りの局面となる**ことがあるのです。

■「カラ売り」＝「大損」ではない

「カラ売りは怖い」

「カラ売りは難しい。危険だ」

一般的にはまだまだそういう人があとを絶ちませんし、また、カラ売りをしたために破産してしまったなどと言う人もいます。ですが、本当にそうでしょうか？

ただ単に「カラ売りをした」から破産したのでしょうか？

そうではないのです。

そうではなく、信用取引でレバレッジを3倍までフルに効かせてカラ売りをし、自分の思惑とは逆方向に（上昇方向に）株価が進んで損失が膨らんでいるのに、ロスカットもせず、そのままほったらかしにしたからではないでしょうか？

カラ売りに限らず、一般的な個人投資家が株で損をした場合によくあることなのですが、自分のしていることを棚に上げて、「○○が悪い」「○○のせい」など、損をしたときに自己の責任と考えず、責任を他に転嫁してしまいがちです。

株で損をしている方は、そうした考え方そのものを修正したほうがいいのかもしれません。

カラ売りで大きく損をしてしまった人は、カラ売り自体が悪いのではなくて、本人のリスク管理の方法が間違っていただけなのです。

「カラ売り＝大損」ではなく「カラ売りした本人のリスク管理の失敗＝大損」なのです。きちんとリスク管理をすれば、先に述べたように現物取引とリスクはほぼ変わらないはずです。

3　業績が悪い株をカラ売りするのではない

■株は業績がいいのに下がったり、業績が悪いのに上がったりすることがある

ここまで「カラ売りは難しくはないし怖くないですよ」という話をしてきました。どうでしょうか、カラ売りに挑戦してみようと思ってきたでしょうか。

そう思い始めてきたなら、ぜひ、挑戦してみてください。

では、そのカラ売りですが、カラ売りを仕掛けるときとは、どのような局面になるでしょうか？

もちろん、株価が上がりそうなときではなく、下がりそうなときですね。

一般的な個人投資家が株を買うときは、企業の業績を気にして、業績がよい株を買うことになります。では、カラ売りするときもそれと同じように、企業の業績が悪い株をカラ売りするのでしょうか？

私の考えは違います。

株価の値動きについて考えてみましょう。

【株価は需要と供給の関係で決まる】

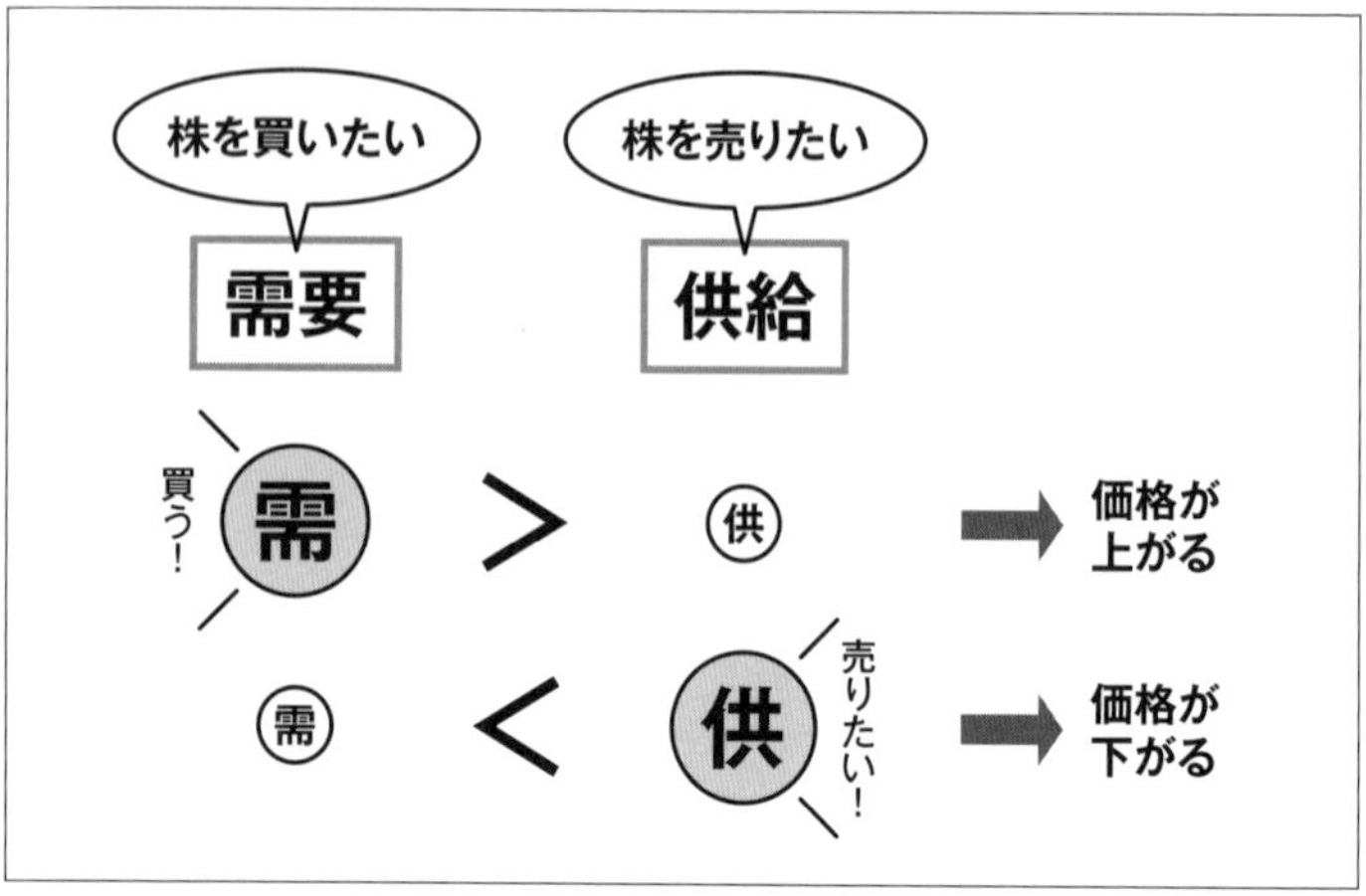

企業の業績のよいときにいつも株価が上がり、業績の悪いときにいつも株価が下がるのであれば、もちろん企業業績を常に気にしなければならないと思います。

でも、そんなことはありません。

企業業績がよくても下がったり、業績が悪くても上がる株なんてたくさんあります。

■株価は売りと買いの力で決まる

これらの現象をどう説明すればいいのでしょうか？

私はこう説明します。

株価というものは、相場環境や個々の企業業績などがいいとか悪いとかを織り込んで、最終的にたくさんの人や、たくさんお金を持っている一部の人が買えば上がります。

【「買＞売」になるのか、「買＜売」になるのかわかるときがある】

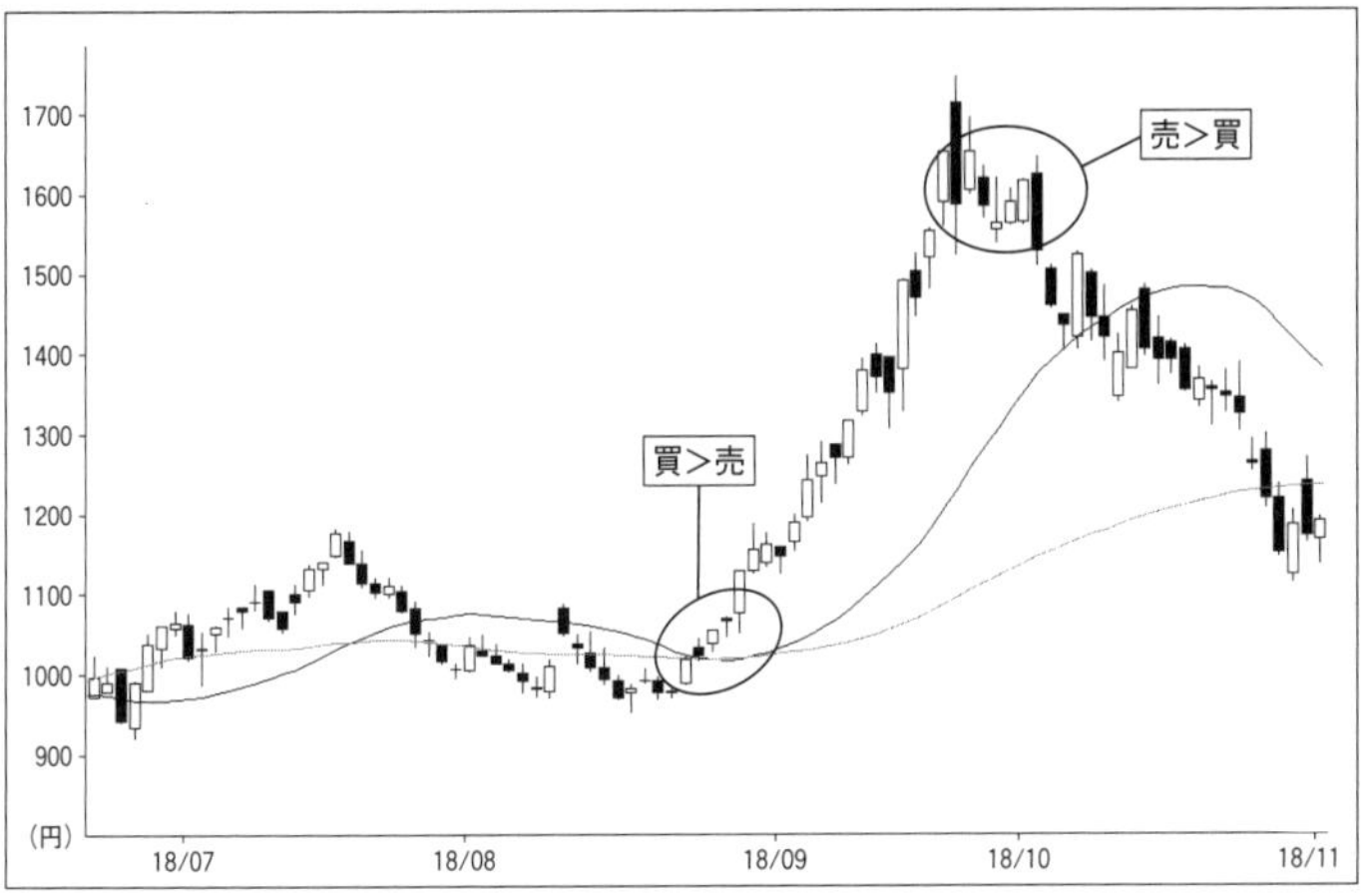

逆に、たくさんの人たちやたくさんお金や株を持っている一部の人が売れば下がります（カラ売りを含む）。

要は、**買いと売りの力関係**です。

難しい言葉で言うと需要と供給の関係です。

「買い」と「売り」を比べて買いの力が強くなれば上がり、売りの力が強くなれば下がることになります。

■株価チャートから力関係が読み取れる

では、これらの力関係を何から判断するのでしょうか？

それが株価チャートです。

上図は、ある株の日足株価チャートです。

縦軸が株価で横軸が時間（日数）です。

この株価チャートから何がわかるのでしょ

うか？

このチャート内の過去の値動きを見れば、「いつどこで買いが強くなったのか」（売りが弱くなったのか）、あるいは、「いつどこで売りが強くなったのか」（買いが弱くなったのか）がわかります。

そして、その**株価の動き自体や過去の周期やパターンを見ていれば、明日以降どのような状況になれば、買いが強くなるのか売りが強くなるのか、売りが弱くなるのか買いが弱くなるのか、がおおよそわかる局面が来る**のです。

こうして、株価の上げ下げの予測をしていきます。

「買い＞売り」になりそうなら買い。「買い＜売り」になりそうなら売り。

ただ単に「企業業績がいいから買い」とか「企業業績が悪いから売り」という判断をしないのです。あくまで、**需給関係（買いと売りの力関係）を株価チャートで確認しながら売買をする**のです。

4 「高くなった株を売ってはいけない」

［最も高いところで売れる？］

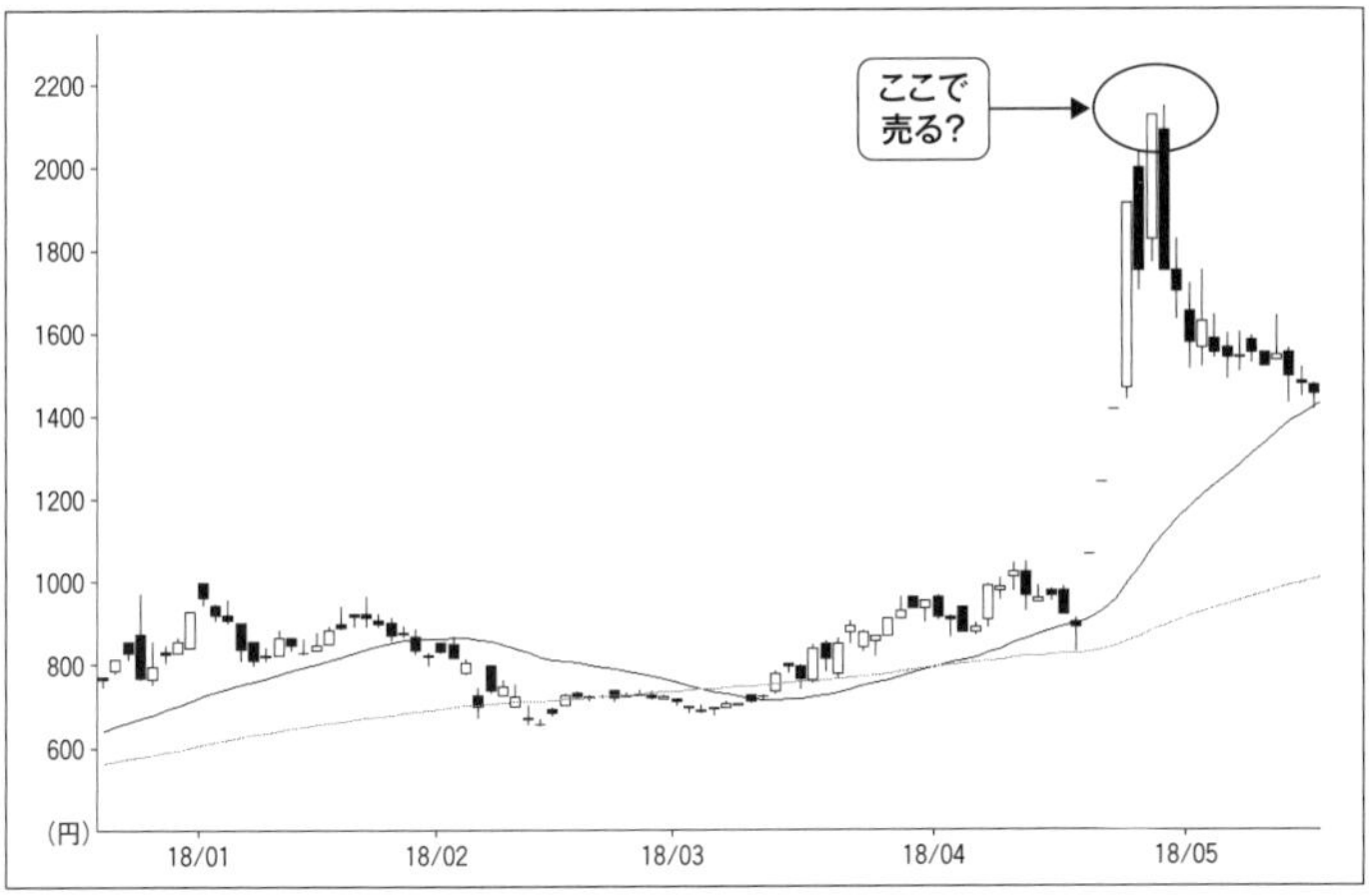

■天井を当てることは至難の業

株価の値動きを判断するときには、まずは株価チャートを見ること、そして、買いが強くなった（売りが弱くなった）ときに買い、売りが強くなった（買いが弱くなった）ときに売るということをお話ししてきました。

では、その強弱のポイントはどこなのでしょうか？

カラ売りはもちろん、売りが強くなった（買いが弱くなった）ときに仕掛けるのですが、そのポイントはどこなのでしょう。

一般的な個人投資家がイメージするポイントは、「株価が高くなったところ」とか「天井をうまくとらえて」などでしょう（上図）。

でも、このような局面で仕掛けることは、なかなかできないわけです。

【「もう天井だ」と思えるが…】

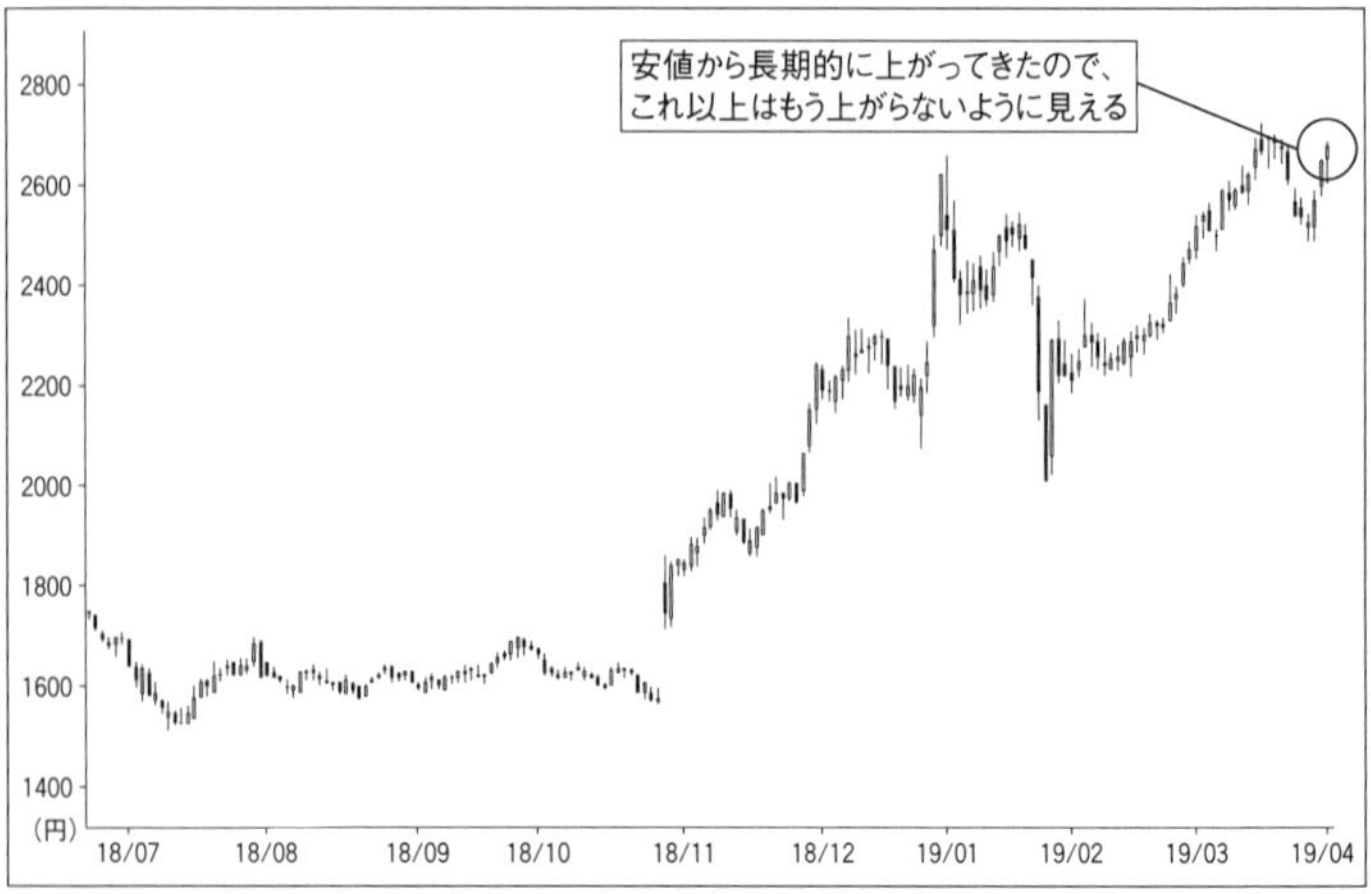

【上がる株はどんどん上がる！】

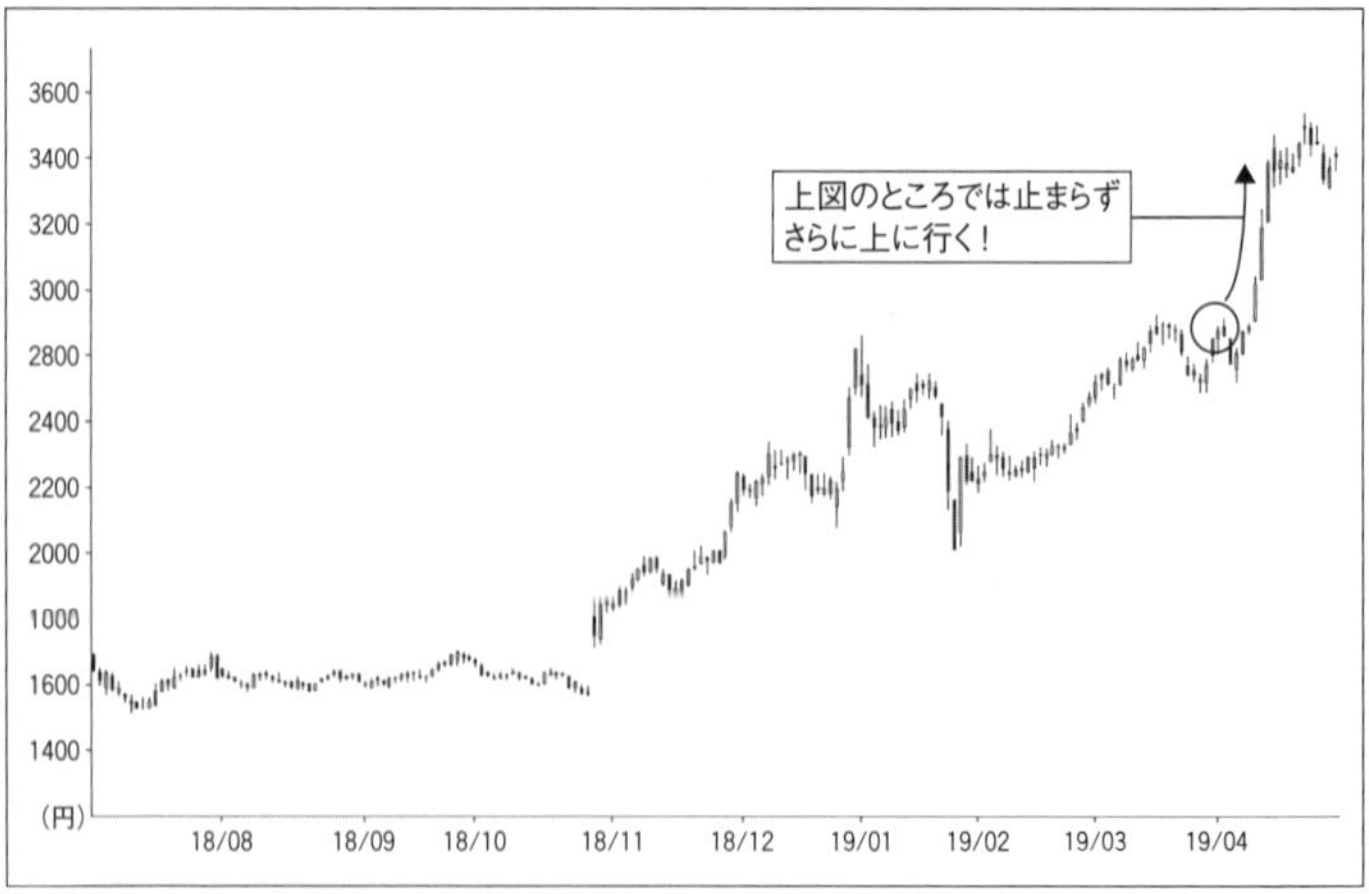

【カラ売りは天井圏ではなく「下がる勢い」をとらえる】

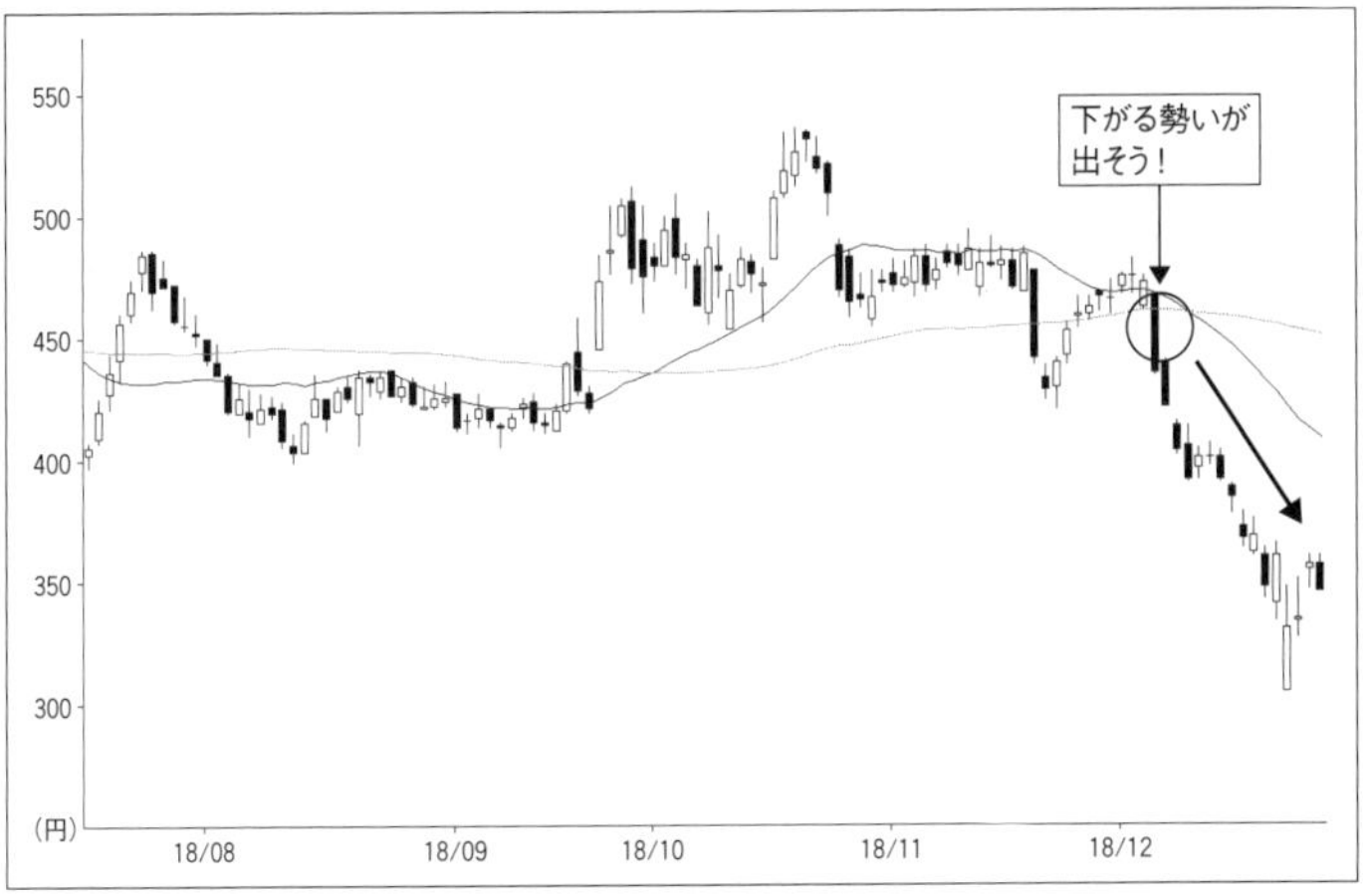

これ、やってみるとわかりますが、**天井を当てることはなかなかできません。**

一般的な個人投資家が「高いところを売ろう」とすると、得てして前ページ図のようになります。

株価はここでは下げず、もっと上がっていくのです。

なぜこうなってしまうのかと言いますと、下降してきた株価が底を打ち、安値圏からどんどん上がってきて株価が十分に高くなってくると、まだまだ上がる可能性があるにもかかわらず、「もうそろそろ天井圏だ！」と思ってしまうからです。

■カラ売りするのは下がる勢いのついた株

上がる株というのは、まだまだどんどん上

がるわけです。

意外とすぐには下げてこないものなのです。したがって、天井をとらえるのはかなり難しいことになります。

では、どうしたらよいのでしょうか?

「下がる勢いの出るところを売る」のです（前ページ図）。

ですので、カラ売りのポイントとしては、株価の天井圏をとらえようとするのではなく、このように下への勢いが出るところをとらえるようにします。

5 長い上ヒゲは「売り」ではない

■「長い上ヒゲ」は上値が重いことを示す?

個人投資家やトレーダーの方とチャートの話をしていますと、ろうそく足の見方の話題によくなります。

ろうそく足の形やろうそく足をいくつかのカタマリで見て、株価の次の動きを読もうと

【ろうそく足の長い上ヒゲと下ヒゲ】

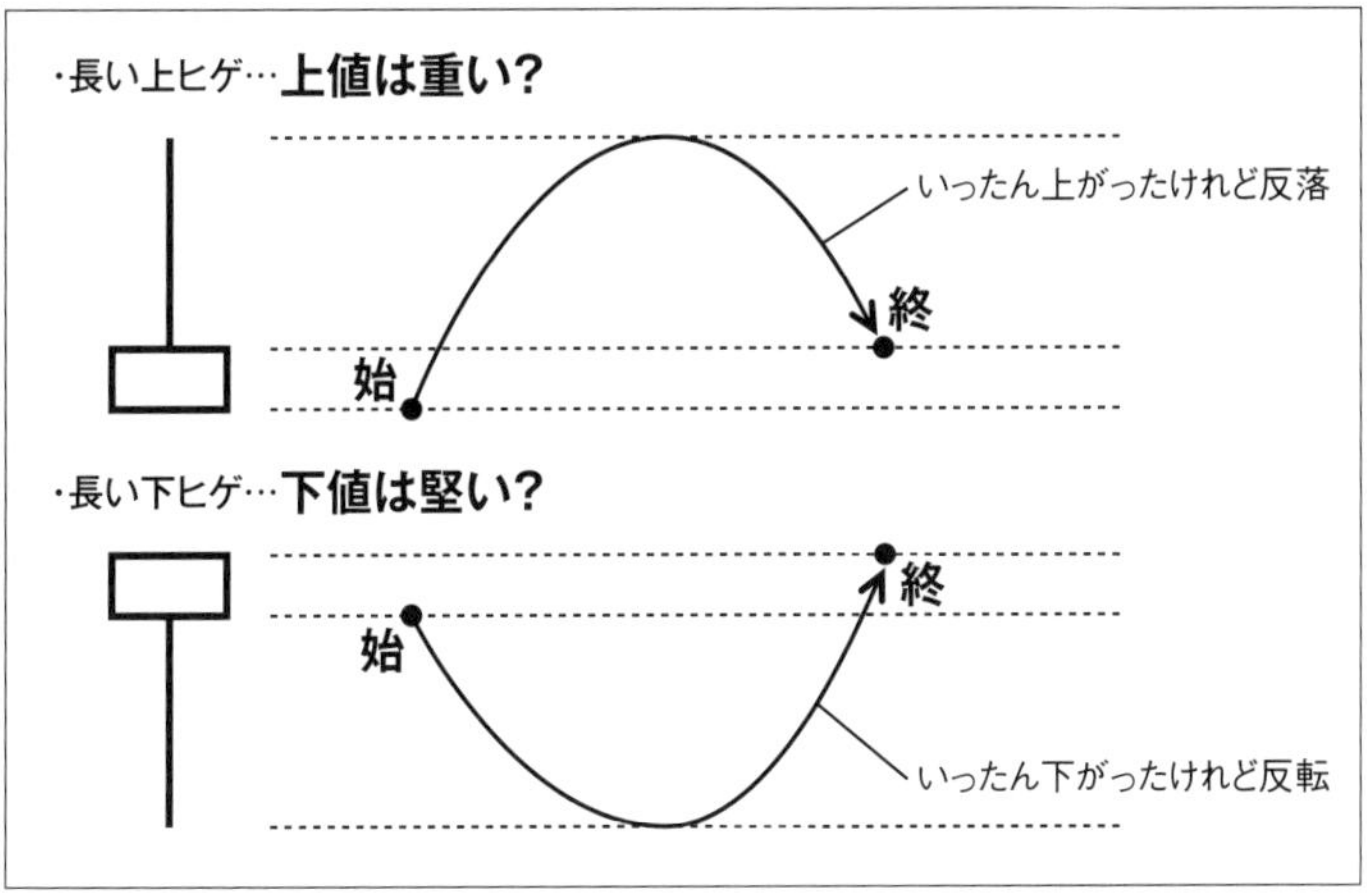

するものです。

そのろうそく足の見方の一つに、「長い上ヒゲは下を示唆する。長い下ひげは上を示唆する」というものがあります。

「長い上ひげ」は、いったん株価が大きく上に行ったのだが、上の位置で止まることができず、すぐに下げたことを示すので、上値は重い。

だからもう上値がないから下げるだろう、というようにとらえます。

逆に「長い下ひげ」は、いったん株価が大きく下に行ったのだが、下の位置で止まらず、すぐに反転してきたことを示すので、下値は堅い。

だからもう下値がないから上がるだろう、

【長い上ヒゲが出てから上がるケースは山ほどある】

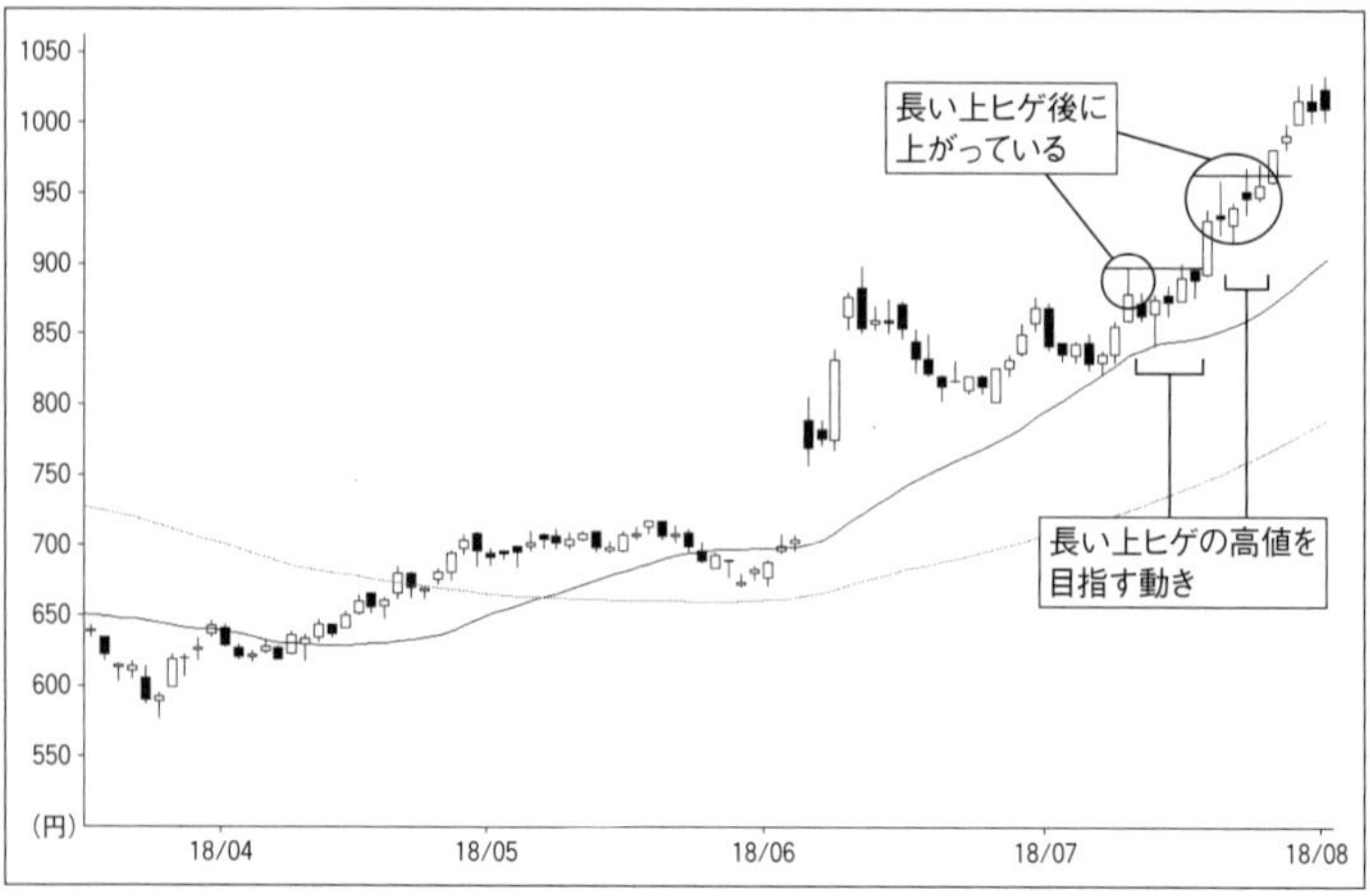

というようにとらえます。

これらの考え方自体について異論はないのですが、ただ、いつもこの考え方だけで判断するのは危険だと思うのです。

例えば、上図のチャート、長い上ヒゲが出たにもかかわらず、一気に上がっています。

なぜでしょうか？

■上に行きたい長い上ヒゲもある

この理由は、この長い上ヒゲは「上に行きたいヒゲ」なのです。

「上に行きたいヒゲ？」「何それ？」と思われるかもしれません。

このヒゲは、「上に行けなかった」のではなくて、「上に行きたがっている」のです。

翌日以降も上を目指したいのだけど、長い上ヒゲが出た当日は、たまたま何かの理由で下げてきただけなのです。

ろうそく足の形だけから判断すれば、長い上ヒゲということでまったく同じなのに、なぜ下がる場合と上がる場合があるのでしょうか？

その理由は、その後の株価の位置にあります。


その後の株価の位置を確認すれば、「ここから上に行きたがっているんだな」とか、逆に「ここから下に行きたがっているんだな」というように、株価の気持ちがわかるのです。

では、この場合に、「なぜ上がりやすいと判断したのか？」ですが、翌日以降の株価が大きく下げず、長い上ヒゲの高値を目指して上がってきているからです。

上値が重そうなのにもかかわらず、上がろうとする意志があるからです。

この長い上ヒゲが出たことによって、上値が重いと感じて下がるのであれば、「もう上はないな」と、長い上ヒゲの高値を目指さず、長い上ヒゲの下に位置したまま、そこから下がっていくはずです。

要は「長い上ヒゲが出たから売り」と単純に考えるのではなく、そのヒゲが出たろうそく足の、その後の株価の動きがどうなるのかを考える必要があるのです。

このあたり、ろうそく足の形だけを使って今後の値動きを短絡的に判断しようとすると、誤りをおかしてしまいます。

チャートを見るときには、ろうそく足だけではなく、他の要素をもっと取り入れて、総合的に考えていかなくてはなりません。

では、どのようにしてチャートを総合的に見て、値動きを判断していけばよいのでしょうか？

次の章では、ろうそく足の形を使わないで、値動きを判断する方法を見ていきましょう。

第4章

まず覚える！ 10の基本カラ売りパターン

1 見るのは「チャートの形」のみ

■プロの思惑を判断できるのが株価チャート

「株式投資の分析手法」というと、どんな手法を思い浮かべるでしょうか。

株式投資の経験が少しでもある人なら、「ファンダメンタルズ分析」や「テクニカル分析」という言葉を聞いたことがあるかと思います。

株の売買で稼ぐためには、株価の将来を予測する必要があります。この予測に使う分析手法にはいろいろあるのですが、ファンダメンタルズ分析とテクニカル分析は、その大きなカテゴリーの中の二つになります。


ファンダメンタルズ分析とは、世界・日本の政治状態や景気動向、個々の企業の業績、財務状況、将来性といった政治経済や企業の基礎的な要素（これらを「ファンダメンタルズ」と言います）によって、各銘柄の将来の株価を分析・予測するものです。

一方、テクニカル分析とは、過去から現在までの株価の値動き（株価チャート）のパタ

【一般的なチャートパターンの例】

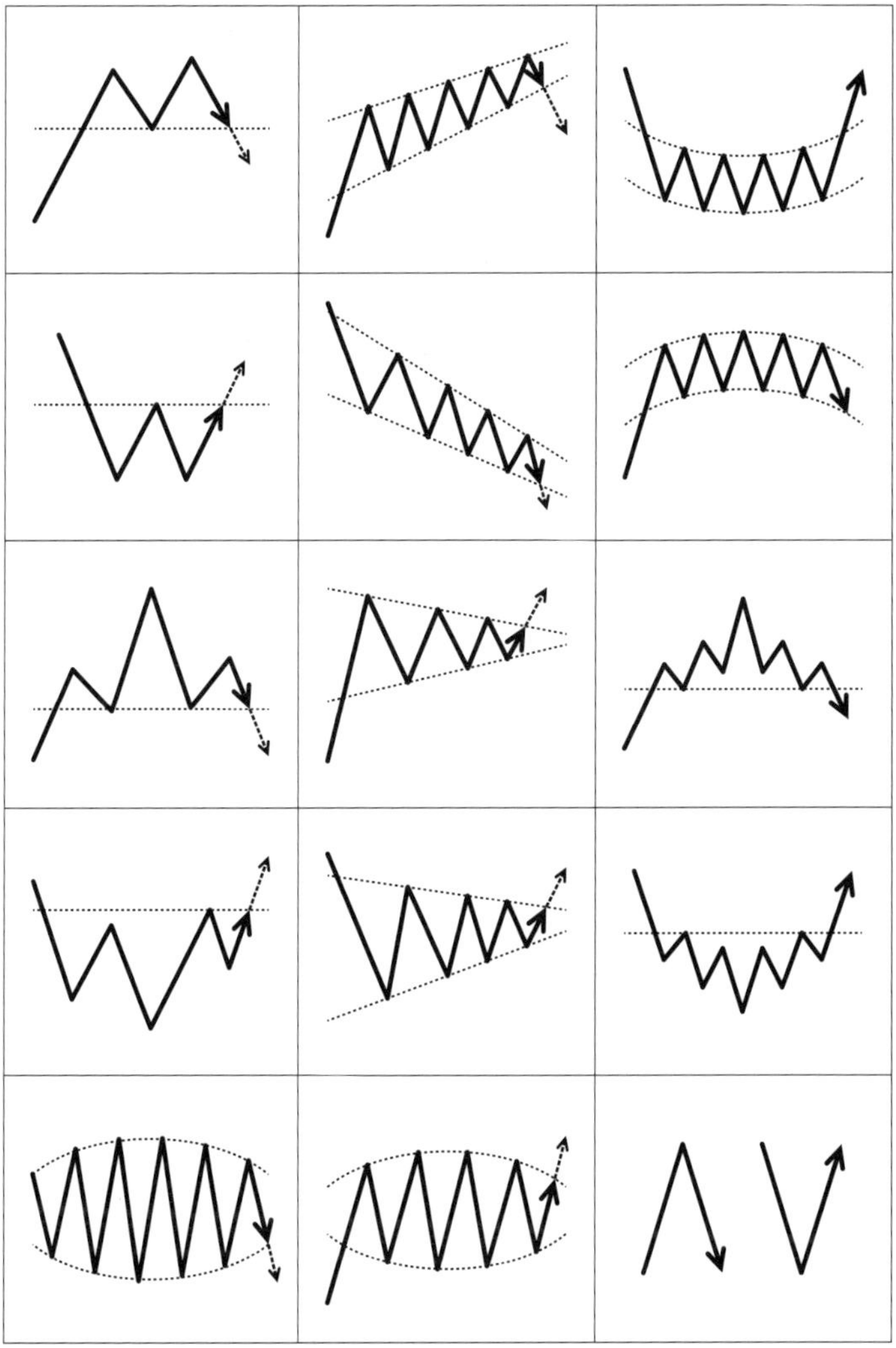

ーンから将来の値動きを予測するものです。

別の言い方をすれば、過去の値動きの形やパターンから、将来どんな形の値動きになるのかを見極めるための分析ということになります。

これには、前ページ図のように、一般的によく知られているパターンがあります。これらのパターンを頭に入れながら、将来、上がる株価チャートなのか下がる株価チャートなのかを見極めることも可能です。

たしかに世界や日本の政治情勢や景気動向、個々の企業の業績、財務状況、将来性などのファンダメンタルズは、株価を動かす大きな要因です。

でも、あなたを含む私たち個人が「投資家」としてそうした情報をいち早く確実に手に入れるのは、現実的には難しいものです。

というのは、これらの情報はいわゆる機関投資家や外国人投資家、ファンド、仕手筋といったお金持ちのプロが高い情報料を払って仕入れたり、その情報を加工して分析したりするものだからです。

「それならば、お金持ちのプロより個人に分が悪いファンダメンタルズ分析で勝負する

のではなく、個人は、お金持ちのプロが『大きな資金を出し入れしたときに出現するチャートの形』だけで判断できるテクニカル分析で勝負するのがいい」

というのが、私の考えです。

お金持ちの大口投資家であっても少額資金の個人であっても、株価の動きの軌跡である株価チャートの情報は、基本的にはあまり変わりません。

株価チャートは、個人がプロの大口投資家と同じ土俵で戦える有効な手段の一つなのです。

■チャートの形を覚えて出現したら売買する

テクニカル分析というと、何か高度な分析技術が必要なのでは…と思われたりして、難しく感じられるかもしれませんが、決してそんなことはありません。

要は「値上がりする前の値動きの形」「値下がりする前の値動きの形」をあらかじめ覚えておいて、

「値上がりする前の値動きの形」が出現したときに買う、

「値下がりする前の値動きの形」が出現したときに売る（カラ売りする）。

それだけでいいのです。

ただ、私がこのようなお話を講演会などでしますと、勘違いされる方がいつも何名かいらっしゃいます。

「テクニカル分析が絶対正しくて、ファンダメンタルズ分析は間違いだ、と言っているのでしょうか?」と。

そうではありません。

私が言いたいのは、あなたがすでに株式投資を行っていて、ファンダメンタルズ分析が好きで、その分析によって、「継続的に利益が出ているよ」というのであれば、それはそれでいいと思います。

ぜひ、そのやり方を続けてください。

でも、もし、あなたがファンダメンタルズ分析によって、

「継続的に利益を出すことができていない」

「損をしている」

「たまに儲かることはあってもトータルで損をしている」

と悩んでいるのであれば、今までのファンダメンタルズ分析をやめて、一度テクニカル分析を試してみてはどうでしょうか…と言いたいのです。

テクニカル分析であれば、私はあなたに教えることができます。

私はファンダメンタルズ分析を一切せず、テクニカル分析のみを極めたことにより、株で継続的に稼ぐことができるようになったからです。

ここまで読み進めてきたあなたなら、きっとうまくいくと思います。

2 テクニカル分析を身につける

■テクニカル分析に絶対はない

それではさっそく「値下がりする前の値動きの形」を具体的に伝授していきましょう。

ただ、その前に、伝えておきたいことがあります。

それは「テクニカル分析に絶対はない」ということです（もちろんファンダメンタルズ分析にも絶対はありませんが）。

株で継続的に稼ぎたいという人に、買い／売りのサインとなるチャートの形を教えると、必ず怒る人がいます。

うまくいかないときに「値上がりする形で買ったのに、値上がりしなかったじゃないか！」と。

しかし、そのような言動はトレードの本質を見極められていない証拠です。

株の値動きは、市場全体のムードやそのときの景気動向や社会情勢など、さまざまな要因に左右されます。

「値上がりする前の値動きの形」だと思ったチャートが、その時期のさまざまな要因に引っ張られて「値下がりする」ことも多々あります。

ですので、「これはいい！」「これは来るぞ！」と思って買った株が、上がらず逆に下がることはよくあることです。もちろん、逆に急騰することもあります。

ただ、このように反対に動くことが毎回ではなく、**数をこなしていくとトータルで勝った金額が負けた金額より多くなるのです。そうして、「利益を残していく」**のです。

今からお伝えするのは、あくまでも個々の銘柄分析のための「道具」です。

それらをどう組み合わせてどう判断するかは、そのときの状況に応じて決めていく必要があります。

チャートの形の裏に隠された理論や心理、間違いやすい〝ダマシ〟のチャートパターンも知って、正確な分析ができるようになってください。

■買いチャートを裏返すと売りチャートになる

すでに述べたように、株の売買の話になると、ほとんどの方は株を買って、値上がりしたら売って利益を得ようと考えます。

当たり前です。株は価格が上がらなかったら利益が出ないからです。

株価チャートで言えば、買いサインが出たときに買おうとします。

ですので、株価チャートの勉強をするときは、基本的には「買い」のチャートの見方・読み方を中心に進めていくことになります。

では、「カラ売り」はどうなのでしょうか？　カラ売りの場合は何か特別なことをしなければならないのでしょうか？

いや、その必要はまったくありません。

「買いで学んだチャートの形の反対」と考えればいいのです。

単にひっくり返すだけです。

イメージしてほしいのですが、透明な下敷きを文房具屋さんで買ってきてやってみるとよくわかります。

まず、透明な下敷きに買いのチャートパターンをマジックで書きます。

これを、「くるっと」上下をひっくり返して、裏から見ます。

そうするとこれがそのまま売りチャートとなります。ただ、それだけです。売りのチャートをひっくり返すと買いのチャートになります。

ですから、どちらか一つの形をマスターすれば、もう一つの形をマスターすることになり、一石二鳥ということです。

では、ここからはカラ売りのポイントとなる10のチャートパターンを紹介していきます。

これが第5章で紹介する「7つの最強カラ売りパターン」の基本となります。

3 カラ売りを仕掛ける10のポイント

BASIC 1

カラ売りポイント1

株価が75日移動平均線と25日移動平均線の下にある

「移動平均線」が表わすのは、株価の方向（全体的な流れ）です。

移動平均線とは、ある一定の期間の株価（終値）の平均値（移動平均値）をつないで線にしたラインです。

例えば5日移動平均線であれば、過去5日間の終値（当日の値も含む）の平均値を線としてつなぎ合わせたものになります。

平均値の数値を取る期間（日数など）が長いほど長期的な方向（大きな流れ）を表わし、短いほど短期的な方向（小さな流れ）を表わしていると考えます。

株価を数日単位で見ると、上がったり下がったりしているのでどっちに行きたいのかわからず、方向感がないように見えます。

でも、もっと長い期間で見てみると…株価の流れがいったん下向き出すとしばらく下がり、いったん上向き出すとしばらく上がるという傾向があることがわかります。

そして、その「傾向」のことを一般的に「トレンド」と言い、それを判断するための材料が、移動平均線です。

ですので、この線の向きを見ていると、「移動平均線が下に向き出したからこの先しばらくは、日々の動きはジグザグしながらも株価が下がり続けるかな」という予測ができるというわけです。

「移動平均線よりも株価が下にある」というのは、下降トレンドを示す一つの指標となります（次ページ上図）。

●移動平均線のダマシ

ただ、トレンドを一つの移動平均線だけで判断するのは危険です。

必ず二つ以上の期間の移動平均線を組み合わせて判断するのが、いわゆる〝ダマシ〟に引っかからないためのコツです。

ダマシとは、チャートの示すサイン通りにならないことで、今回の場合で言うダマシとは75日移動平均線よりも株価が下にあるのに、ろうそく足（株価）が25日移動平均線を上

【ポイント1・株価が25日、75日両方の移動平均線の下にある】

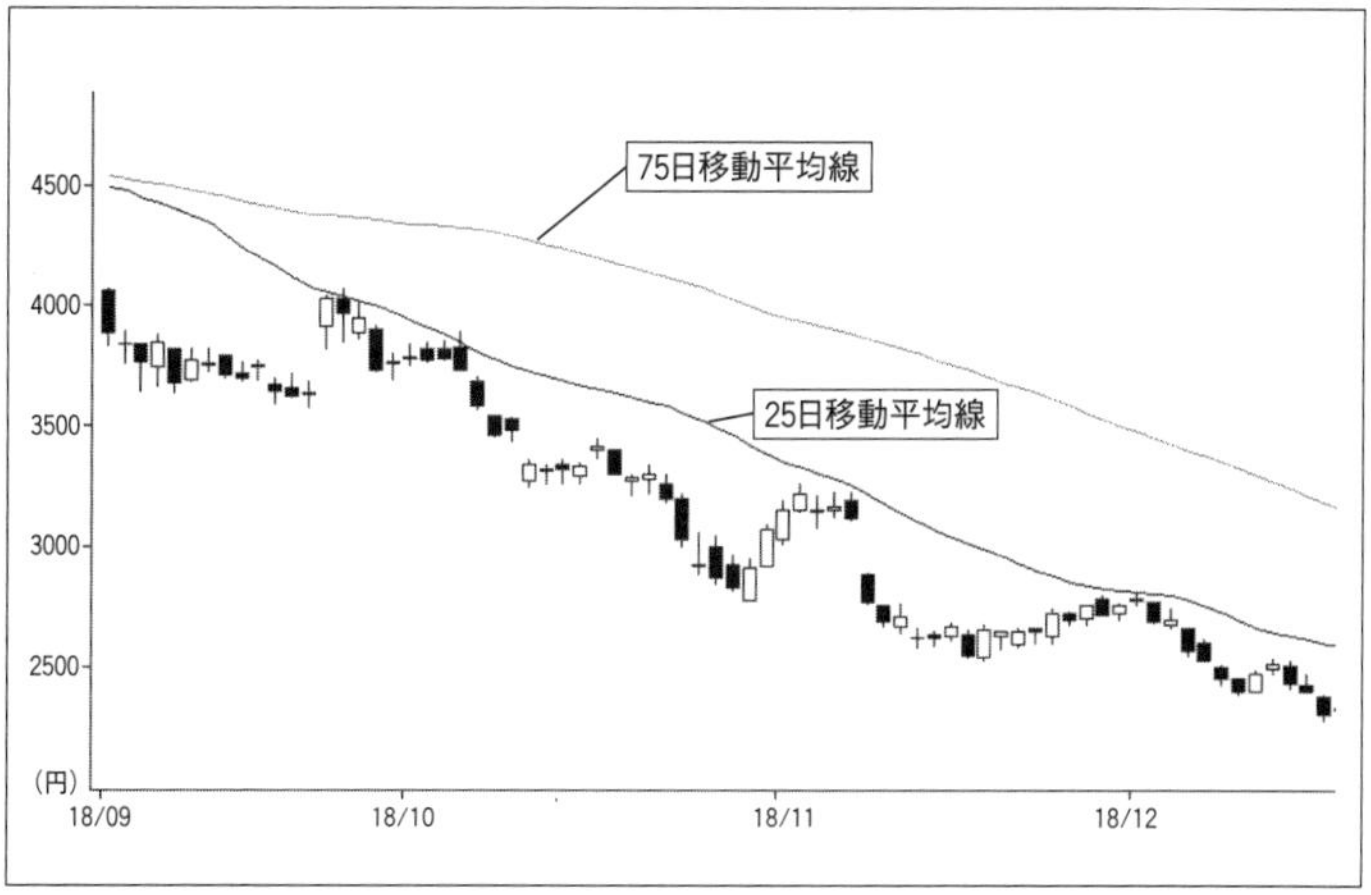

【株価が75日線の下だが25日線の上にある】

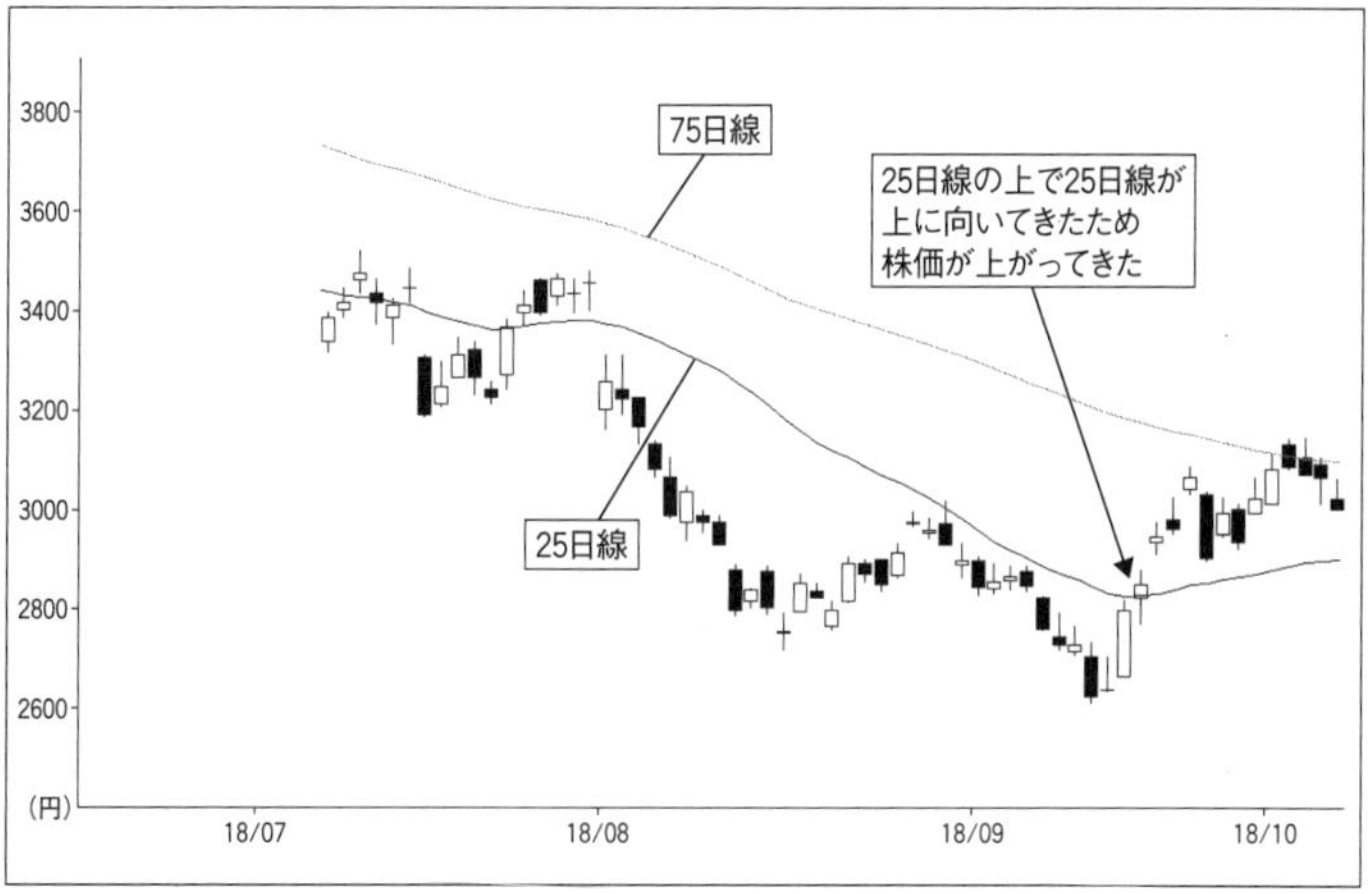

抜け、25日移動平均線が上向きになったことにより75日移動平均線的には下降トレンドなのですが、25日移動平均線的には上昇トレンドになったことです（前ページ下図）。

二つの移動平均線の見方は、株価が「両方の線の上にあるか、下にあるか」となり、片方の線だけで判断しないことです。

というのは、長期の方向性と短期の方向性を総合的に見るほうが、判断の精度が高まるからです。

BASIC 2

カラ売りポイント2

短期的な移動平均線が長期的な線を下抜く（デッドクロス）

すでにお話ししたように、株価はいったん上がり出すと、ジグザグと上下動しながらも全体的にしばらく上がり続け、いったん下がり出すと、ジグザグしながらもしばらく下がり続けることが多くなります。

では、その転換点はどこにあるのでしょうか？

【ポイント2・短期の線が長期の線を下に抜ける（デッドクロス）】

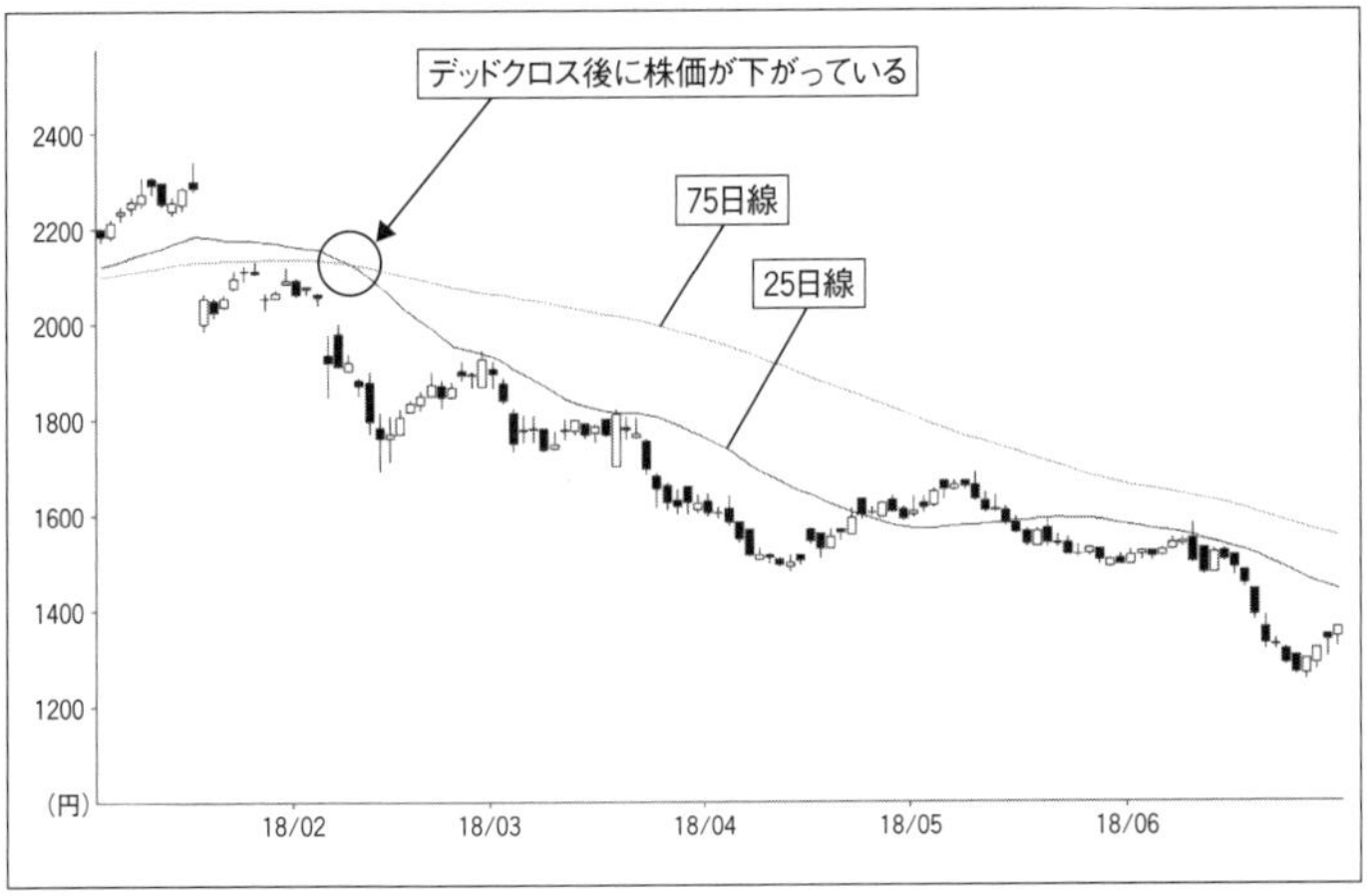

それをいち早く見極めることができれば、効率よく稼ぐことができます。

この転換点を見極めるための重要なサインはいろいろあるのですが、その一つに「デッドクロス」と呼ばれる現象があります。

短期の移動平均線が長期の移動平均線を下抜けることで、代表的な〝売りサイン〟として一般的に知られています（上図）。

短期の移動平均線が長期の移動平均線を下に抜けるということは、それまで短期的にも長期的にも上昇トレンドであった株価が、なんらかの要因により短期的に下がり始めたということです。

もちろん単なる一時的な下げで終わってし

まう場合もありますが、

「いったん下がると、しばらくは下がり続ける」

という株価の動きのクセからすれば、このデッドクロスが下降への転換のサインになる可能性も高いのです

BASIC 3

カラ売りポイント3

移動平均線の「三日月」を探そう！

ただし、「クロスさえすれば何でもかんでも下降のサインである」と考えると、ダマシにあいやすくなります。

では、どんなクロスの形がいいのでしょうか。

このデッドクロスには、左図のようにそれぞれの移動平均線の角度や曲がり具合など、いろいろな形があります。

その中でも、わかりやすく、かつ、よく出現する形を紹介しましょう。

【デッドクロスにはさまざまな形がある】

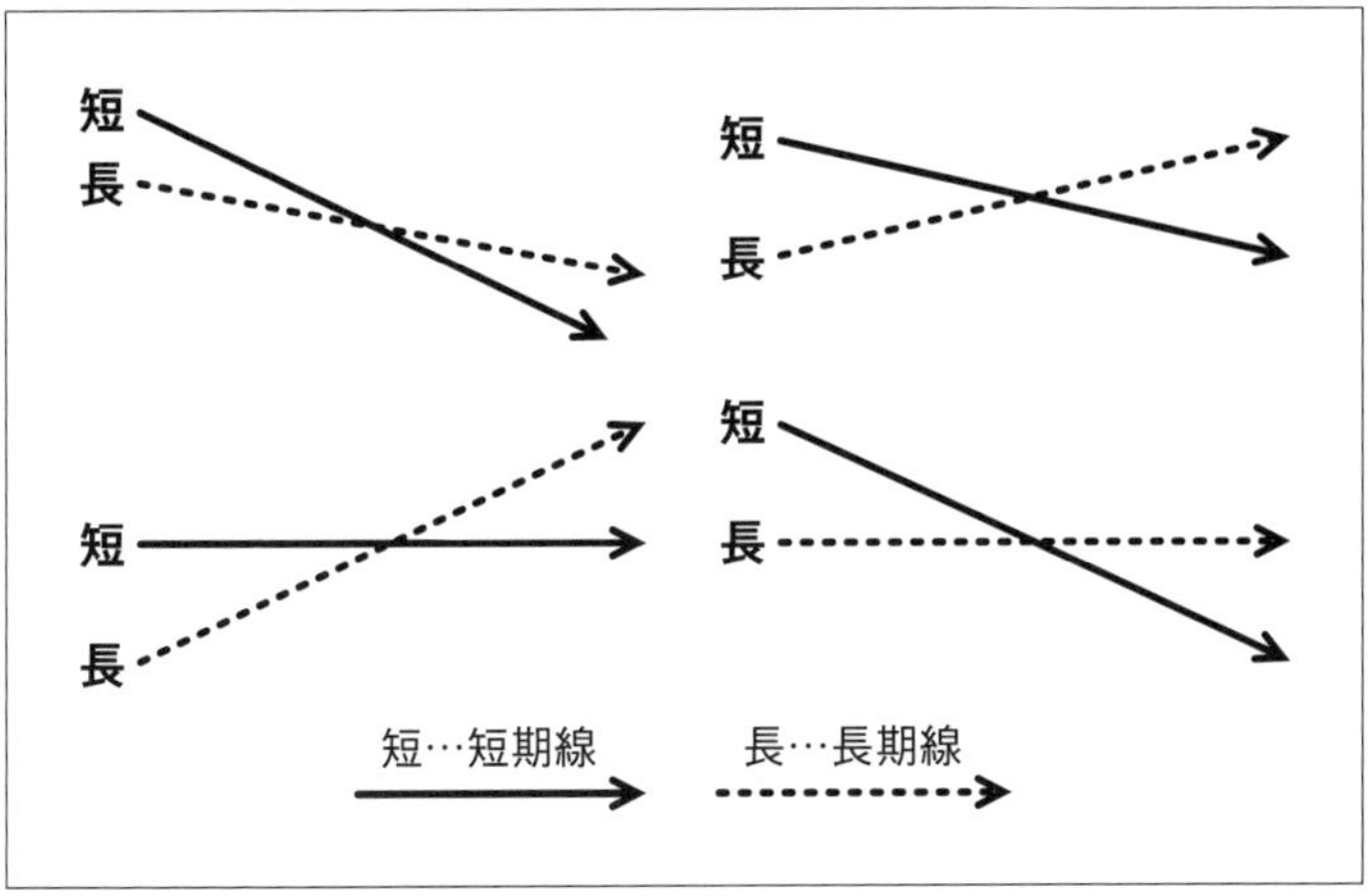

それは、次ページ下図のような形です。

「長期の移動平均線の上向きの角度が緩やかになり、横ばい下向きになるところ」と、

「短期の移動平均線の上向きの角度が緩やかになり、横ばい下向きになるところ」です。

短期線と長期線は最初は離れていましたが、徐々にくっついてきてクロスしていきます。

「短期的に上昇基調だったが、上昇力が弱くなり、下降基調になってきた」

かつ、

「長期的に上昇基調だったが、上昇力が弱くなってきた」

そして、最終的に両方の線が下向き、もし

【理想的なデッドクロスはチェリーの柄や三日月のような形】

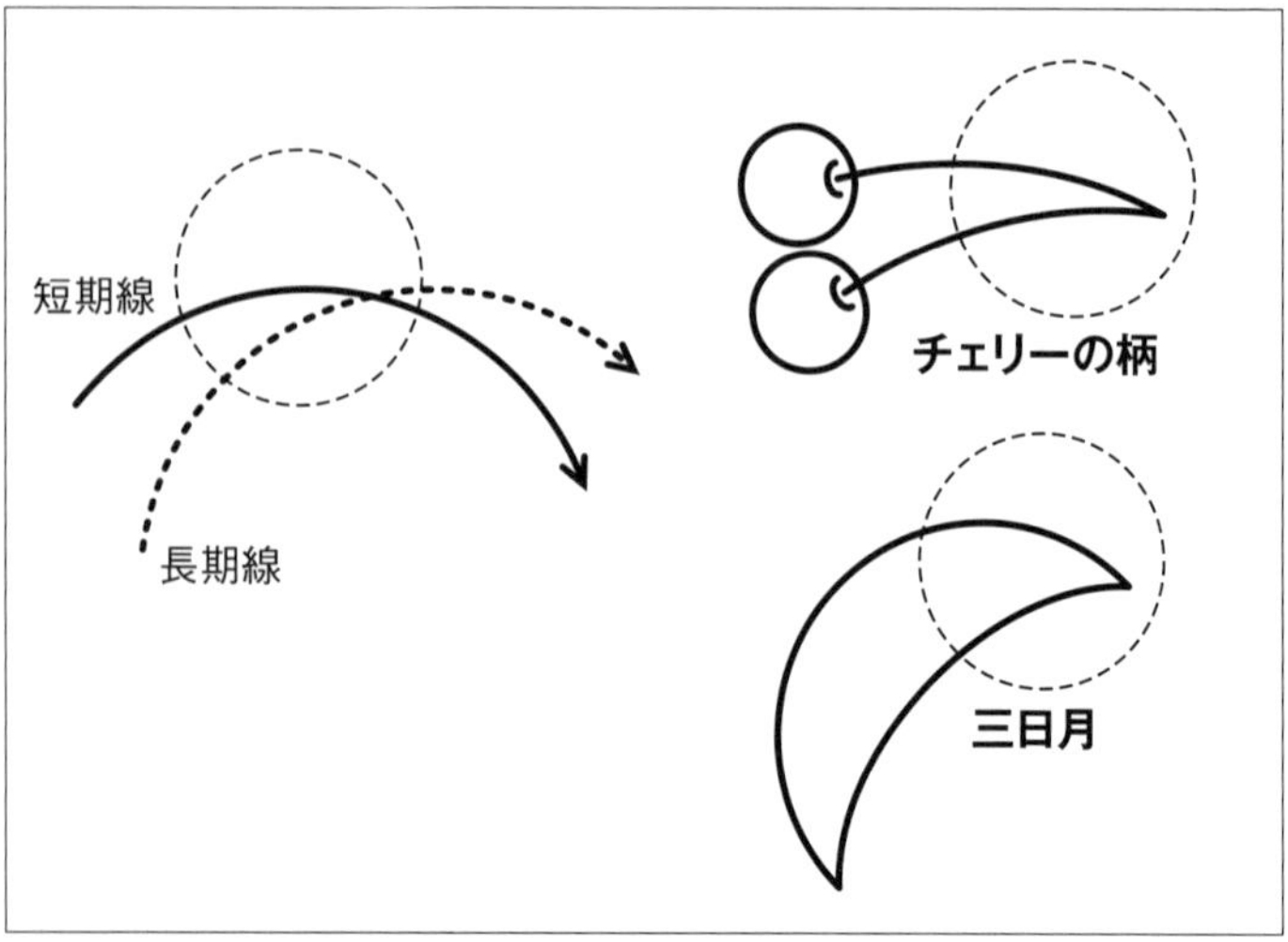

【ポイント３・このような形のデッドクロスを狙いたい】

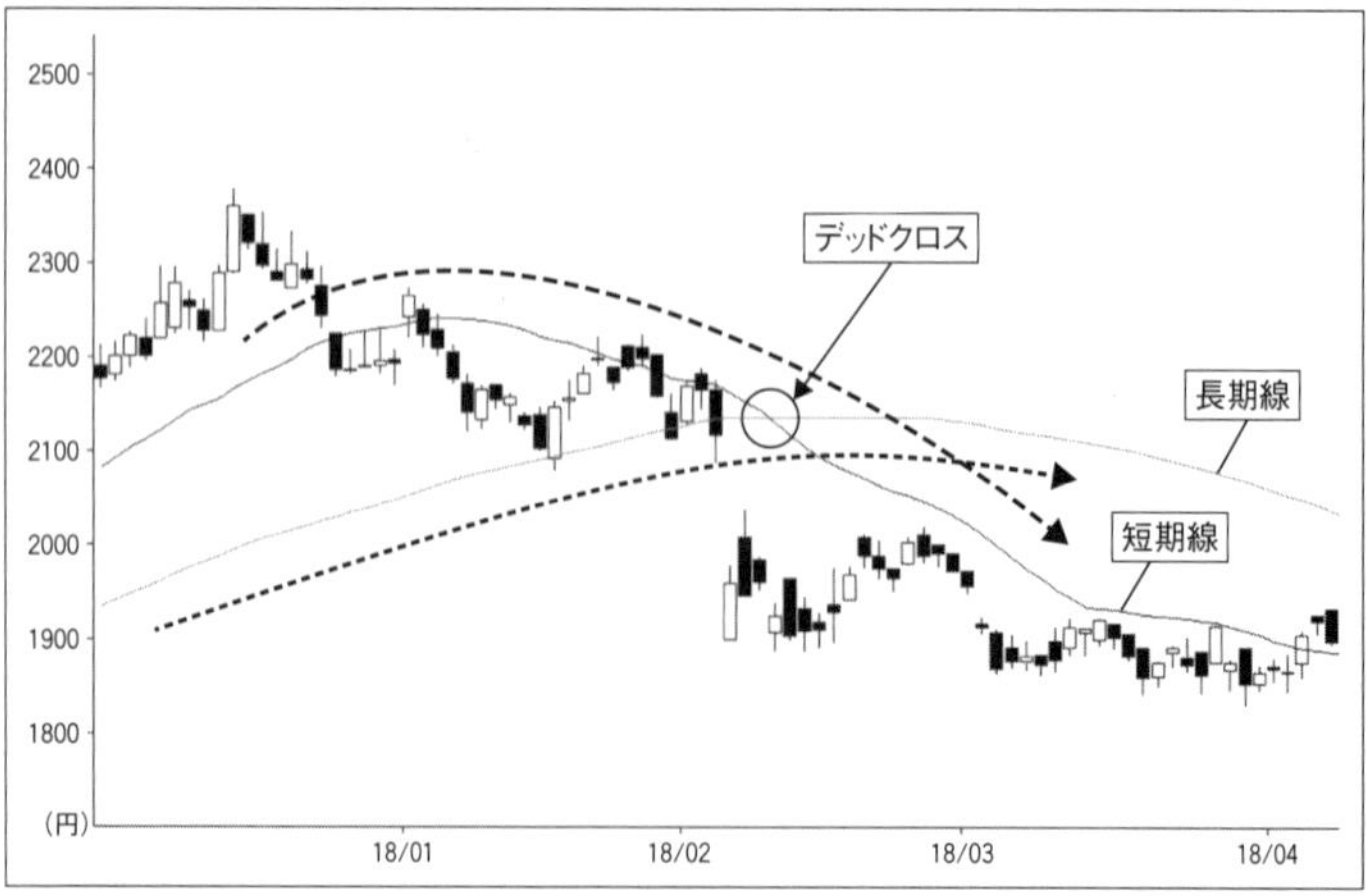

くは下向きになろうとしている形ですね。

形としては、

「三日月のような形」

「チェリーの柄のような形」

をイメージしてみてください（前ページ図）。

なぜ、このような形になるかと言いますと、下降相場になると、短期の移動平均線が長期の移動平均線の下で推移します。

そうなるための前段階にこうした形になるからです。

BASIC4

カラ売りポイント4

ろうそく足が一目均衡表の雲を下抜け

「一目均衡表《いちもくきんこうひょう》」とは、テクニカル分析のための指標の一つで、1936年（昭和11年）に細田悟一氏によって考案されたものです。

細田氏のペンネームである一目山人《いちもくさんじん》に因んで名づけられ、文字通り「ひと目で相場の動向がわかる」という意味の指標です（次ページ図）。

具体的には、次の五つの線から成り立っています。

- **転換線…当日を含む過去9日間の最高値と最安値の中間値を当日に記入し線にしたもの**
- **基準線…当日を含む過去26日間の最高値と最安値の中間値を当日に記入し線にしたもの**
- **先行スパン1…当日の基準線と転換線の中間値を26日先に記入し線にしたもの**
- **先行スパン2…当日を含む過去52日間の最高値と最安値の中間値を26日先に記入し線にしたもの**
- **遅行線…当日の終値を当日を含む26日前に記入し線にしたもの**

「先行スパン1」と「先行スパン2」の間の色のついている部分（アミのかかっている部分）を「雲」と呼びます。

そして、一目均衡表における最初のカラ売りのポイントは、ろうそく足がこの雲を下に抜けたときです（109ページ上図）。

[「一目均衡表」とは]

・**雲《くも》**…先行スパン１と先行スパン２の間の部分

・**基準線《きじゅんせん》**…当日を含む過去26日間の最高値と最安値の中間値を当日に記入し線にしたもの

・**先行《せんこう》スパン2**…当日を含む過去52日間の最高値と最安値の中間値を26日先に記入し線にしたもの

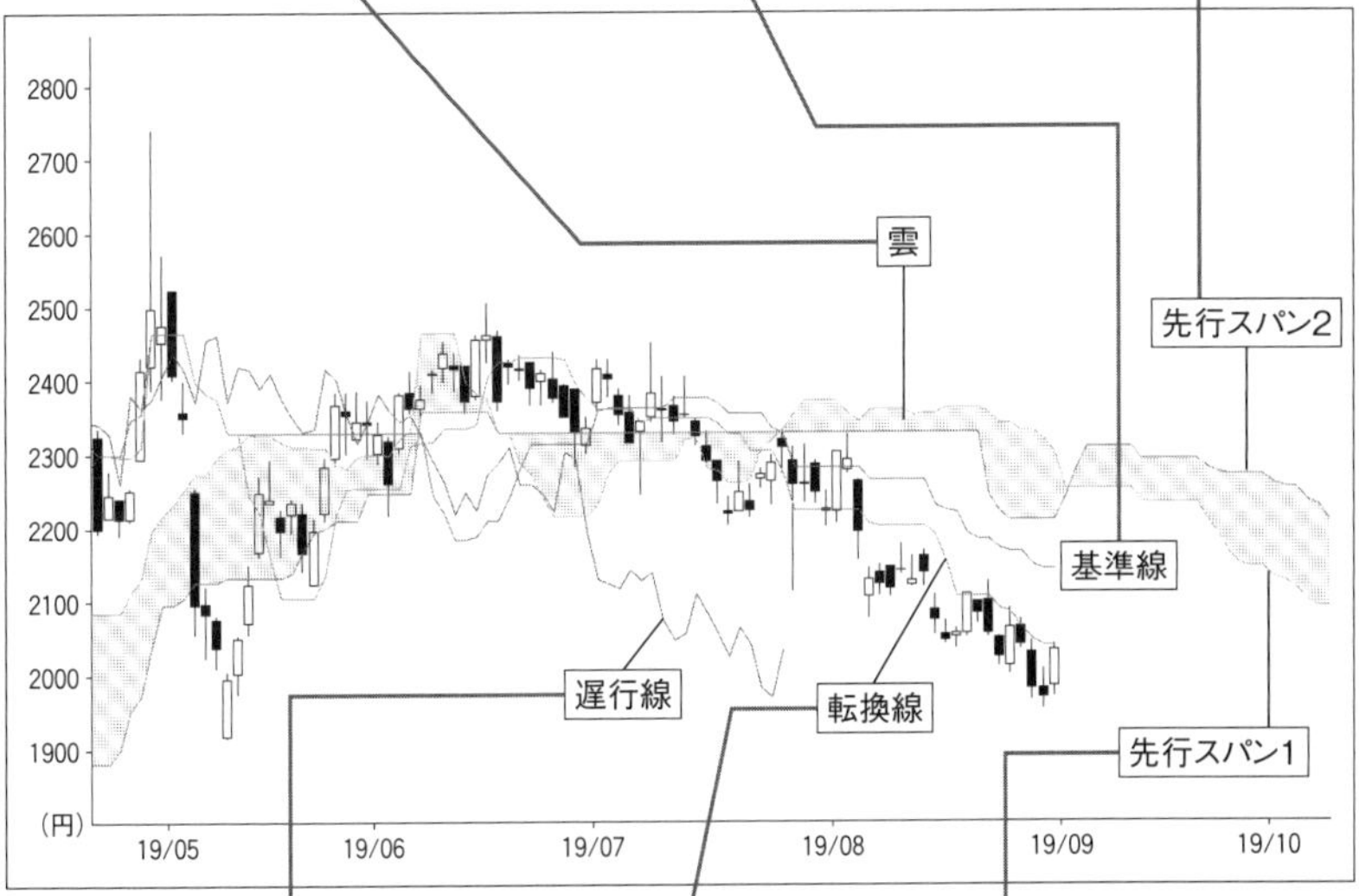

・**遅行線《ちこうせん》**…当日の終値を当日を含む26日前に記入し線にしたもの

・**転換線《てんかんせん》**…当日を含む過去９日間の最高値と最安値の中間値を当日に記入し線にしたもの

・**先行《せんこう》スパン１**…当日の基準線と転換線の中間値を26日先に記入し線にしたもの

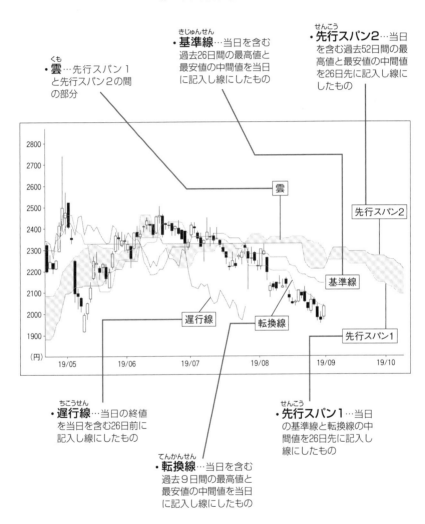

BASIC 5

カラ売りポイント5

一目均衡表の遅行線がろうそく足を下抜け

次に、「遅行線がろうそく足を下抜ける」ときもカラ売りのポイントです。
遅行線とは、「当日の終値を当日を含む26日前に記入し線にしたもの」でした。この線がろうそく足を下に抜けるということは、上昇力が弱くなったということで、ここも売りのポイントになります（次ページ下図）。

BASIC 6

カラ売りポイント6

一目均衡表の転換線が基準線を下抜ける

一目均衡表における最後のカラ売りポイントは、「転換線が基準線を下抜ける」です。

【ポイント4・ろうそく足が雲を下に抜ける】

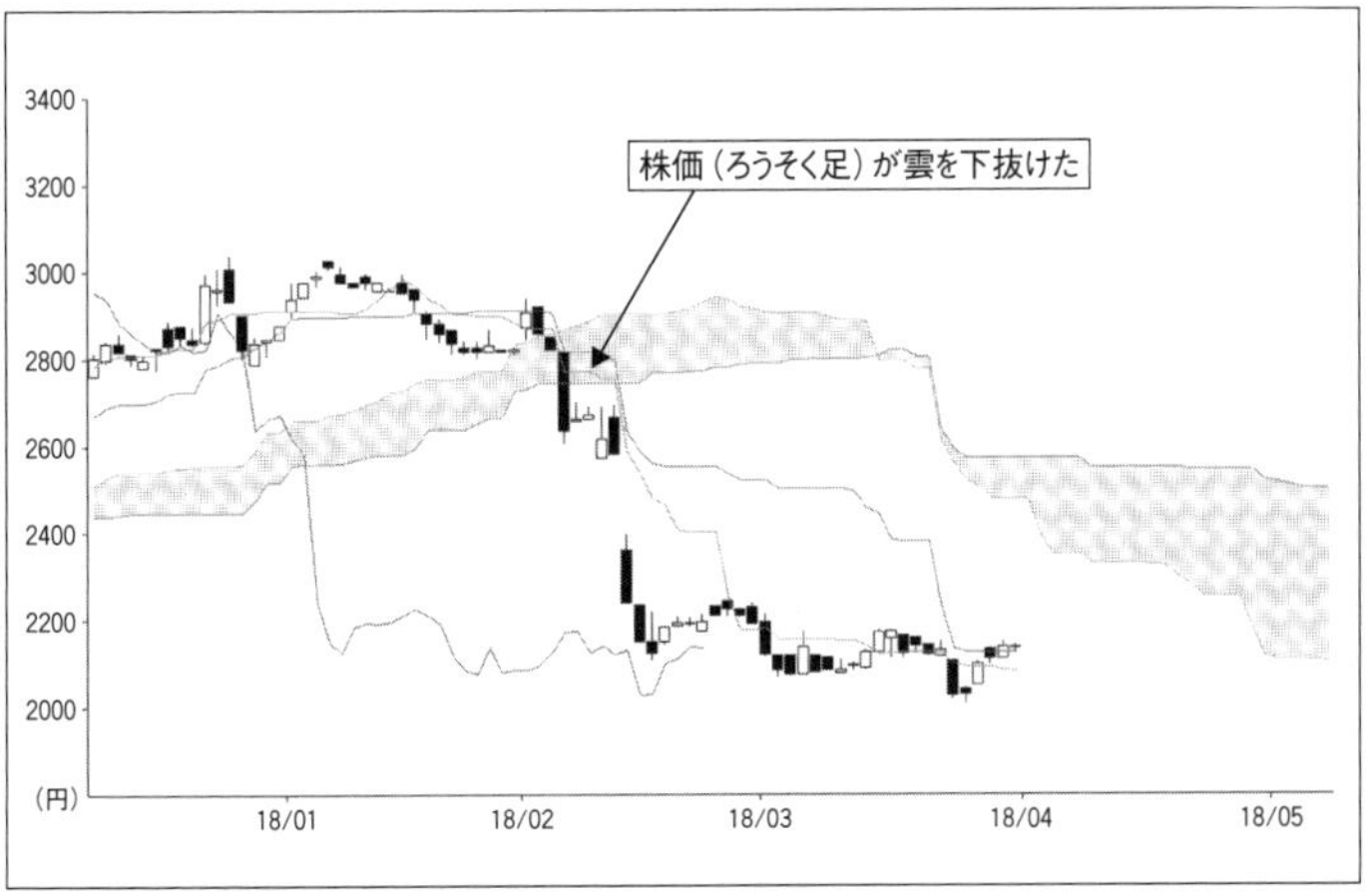

【ポイント5・遅行線がろうそく足を下に抜ける】

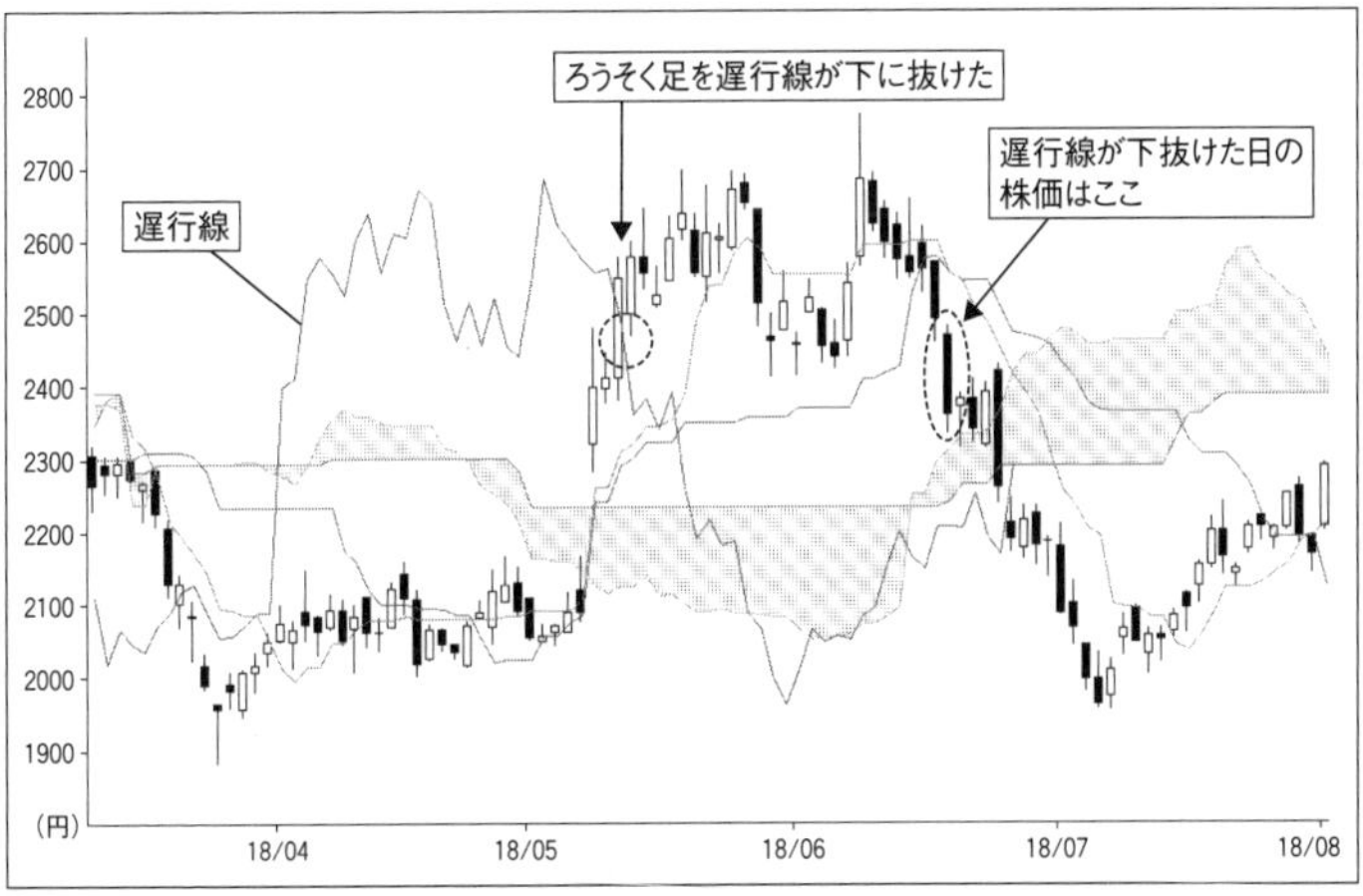

【ポイント6・転換線が基準線を下に抜ける】

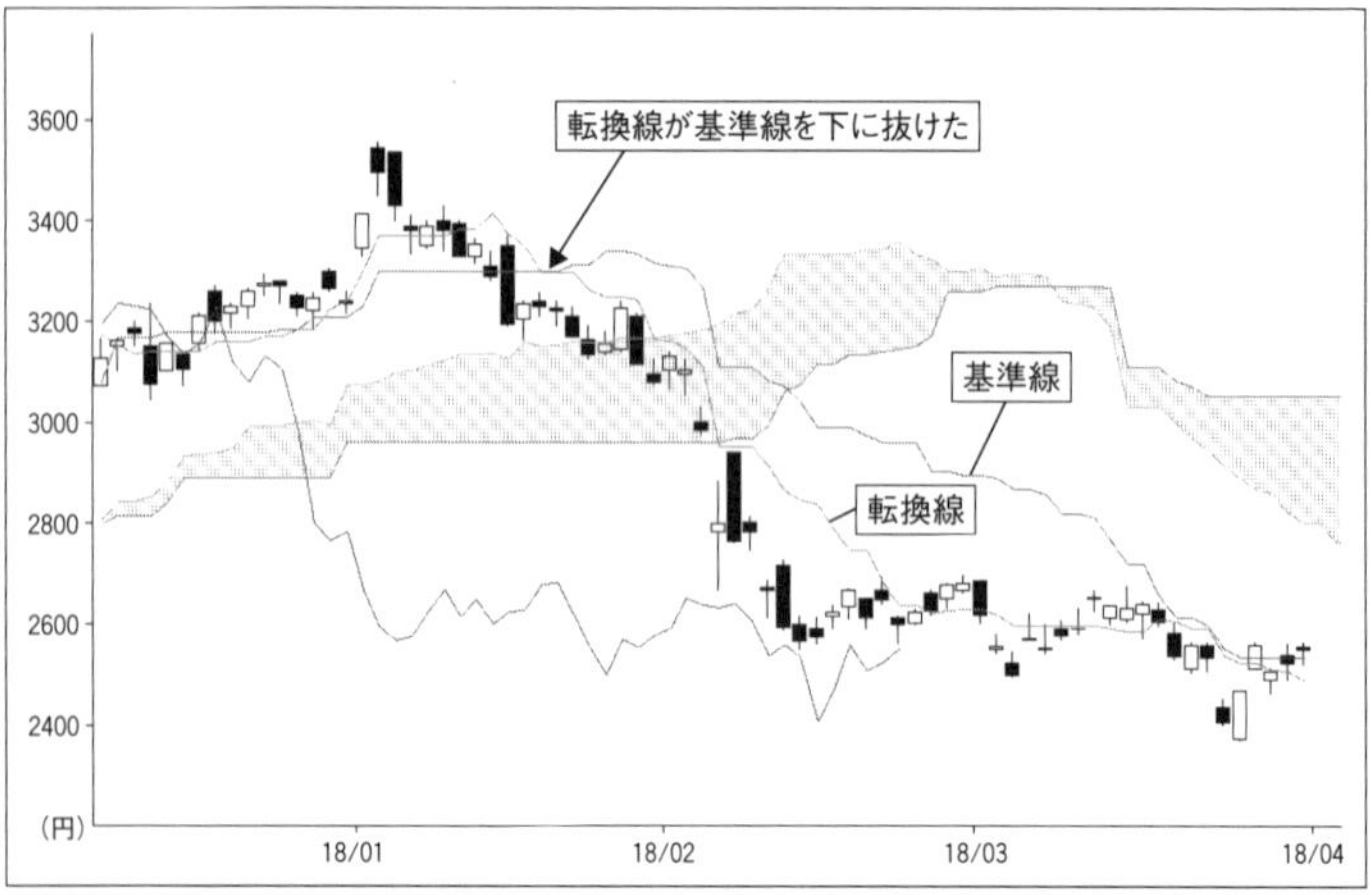

これも弱気のサインです（上図）。

これは「9日という短期的なトレンド（転換線）が、26日という長期的なトレンド（基準線）を下に抜ける」ので、移動平均線で言うところのデッドクロスと同じ現象です。

さらに、これら三つの売りシグナルが同時に現われたときは、まさに最大のカラ売りの仕掛けどき。見逃さないようにしっかりチェックしておきましょう。

BASIC 7

カラ売りポイント7

ボリンジャーバンドの上限と下限の線が大きく上下に広がる

株価の転換点をはかる指標に「ボリンジャ

ーバンド」というものがあります。

移動平均線（本書では25日線を使っている）を真ん中として、その移動平均線の上下に2本ずつ（あるいは3本）の帯状の曲線を描いて表わされます。この上下の線は、標準偏差を使って株価の振れ幅（ボラティリティ）を表示しています（本書では上下それぞれ3本線のボリンジャーバンドを示しています）。

ボリンジャーバンドは株価の上げ止まり、下げ止まりのタイミングをはかるためによく使用されますが、ここでは他の使い方をします。

ボリンジャーバンド上限の線と下限の線の幅は、株価の値動きの大きさ（変動の大きさ）によって、広くなったり狭くなったりします。

狭くなっているときは株価があまり動いていない状態で、広くなっているときは値動きが激しい状態にあります。

株価というものは、大きく動いているときばかりではなく、じっとしているときもあります。もちろん、じっとしているばかりではなく、大きく動くこともあります。

ですので、ボリンジャーバンドの上限と下限の幅が狭い状態から突然広くなってきたら、

【ボリンジャーバンドとは】

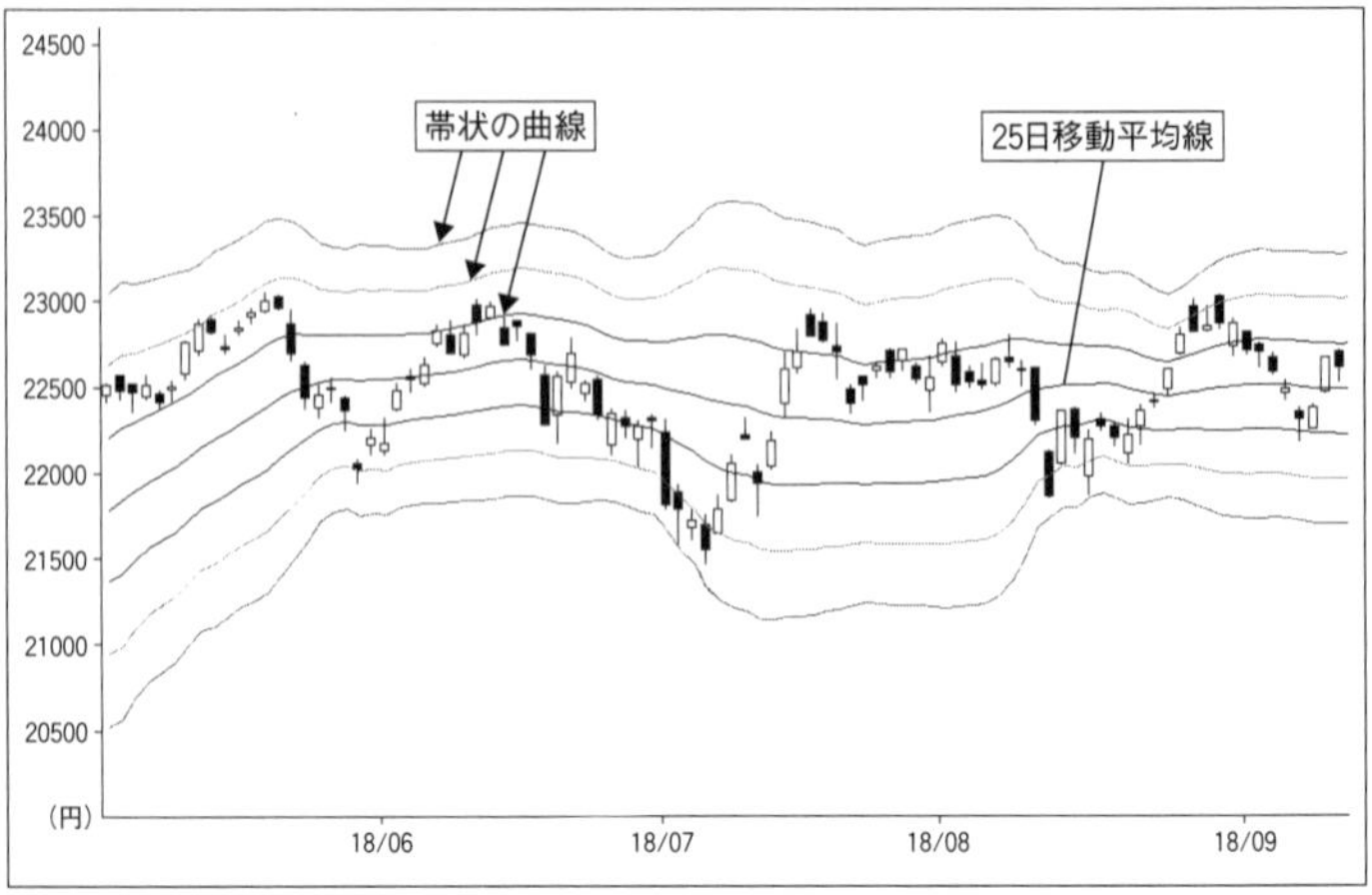

株価が動かない状態から動き出したということになります。

ただ、この時点では、上に行くか下に行くかの方向はわかりません。

まずは、上がり出したか下がり出したかのどちらかだと考えます。

「売り」のサインは、ボリンジャーバンドの上下の幅がともに大きく開き、かつ株価が25日移動平均線の下に位置しているときです。

矢印のところで、ボリンジャーバンドが上下に大きく広がり、それに伴って株価も急落を見せています（次ページ下図）。

「売り」が「売り」を呼ぶような、下降に乗るときのサインとしてボリンジャーバンドは大いに役に立ちます。

【株価の動きは大きいときと小さいときがある】

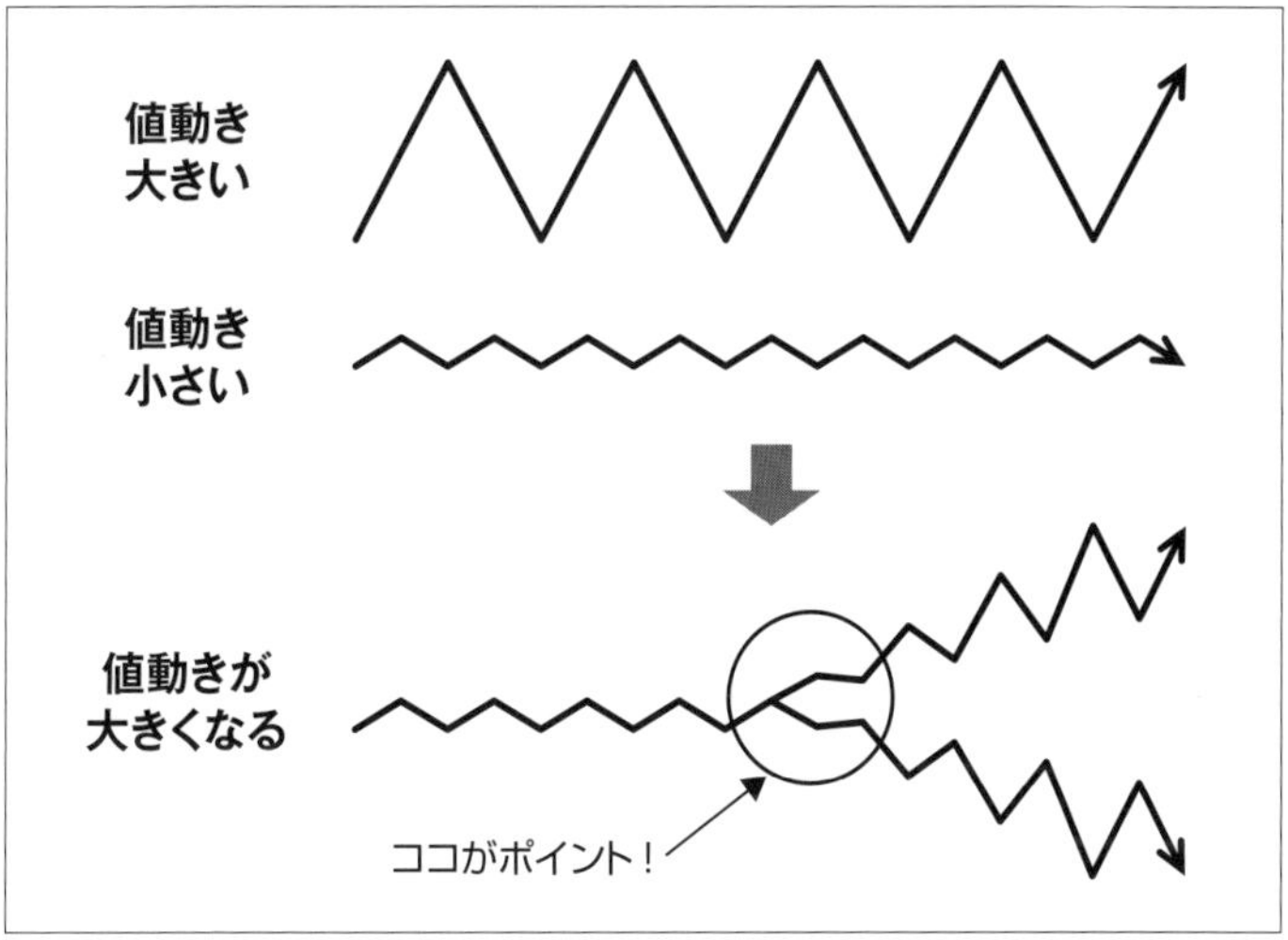

【ポイント７・ボリンジャーバンドの上下の幅が大きく広がる】

【ボリンジャーバンドのダマシ】

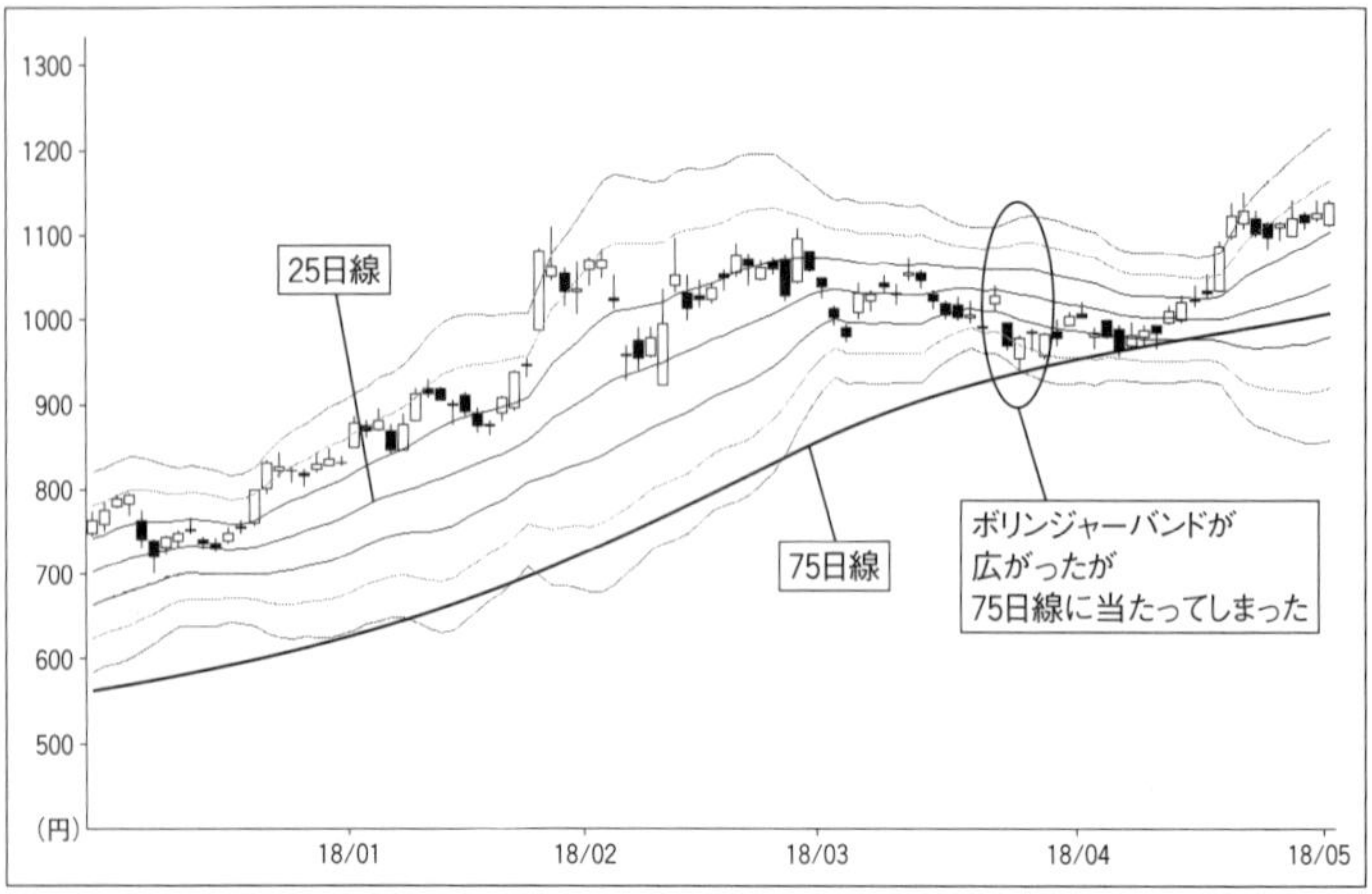

●ボリンジャーバンドのダマシ

ボリンジャーバンドにもダマシがあります。株価が25日線を下回り、かつボリンジャーバンドの上下の幅は広がってきたが、**株価の下に何かの移動平均線がある場合は〝ダマシ〟の可能性がありますので**、注意しましょう。

というのは、移動平均線より上に株価があるときは上昇相場、移動平均線より下に株価があるときは下降相場と考えられますが、その上昇相場から下降相場への境目となる線（上図の場合ですと75日移動平均線）を株価が割り込まない可能性があるからです。

要するに、株価の下降に対して75日移動平均線が邪魔になり、株価が下げ止まる可能性があるということです。

BASIC 8

カラ売りポイント8

狭いボリンジャーバンドの「－2σライン」上に株価がある

ボリンジャーバンドの上下の幅が狭い状態のときは「カラ売りしてはいけない」のかというと、そういうわけではありません。

幅が狭いということは「株価が動いていない」ということですが、逆に言えば、このときに、これから下がる銘柄を見つけられれば、これはまたとないチャンスになります。

ボリンジャーバンドを構成する線については先ほど触れましたが、さらに詳しくお話ししましょう。

次ページの図を見てください。まん中の25日移動平均線の下にある帯状の3本の曲線は、25日移動平均線に近いほうから－1σ（マイナス・イチ・シグマ）、－2σ、－3σと呼びます。

【ボリンジャーバンドの帯の意味】

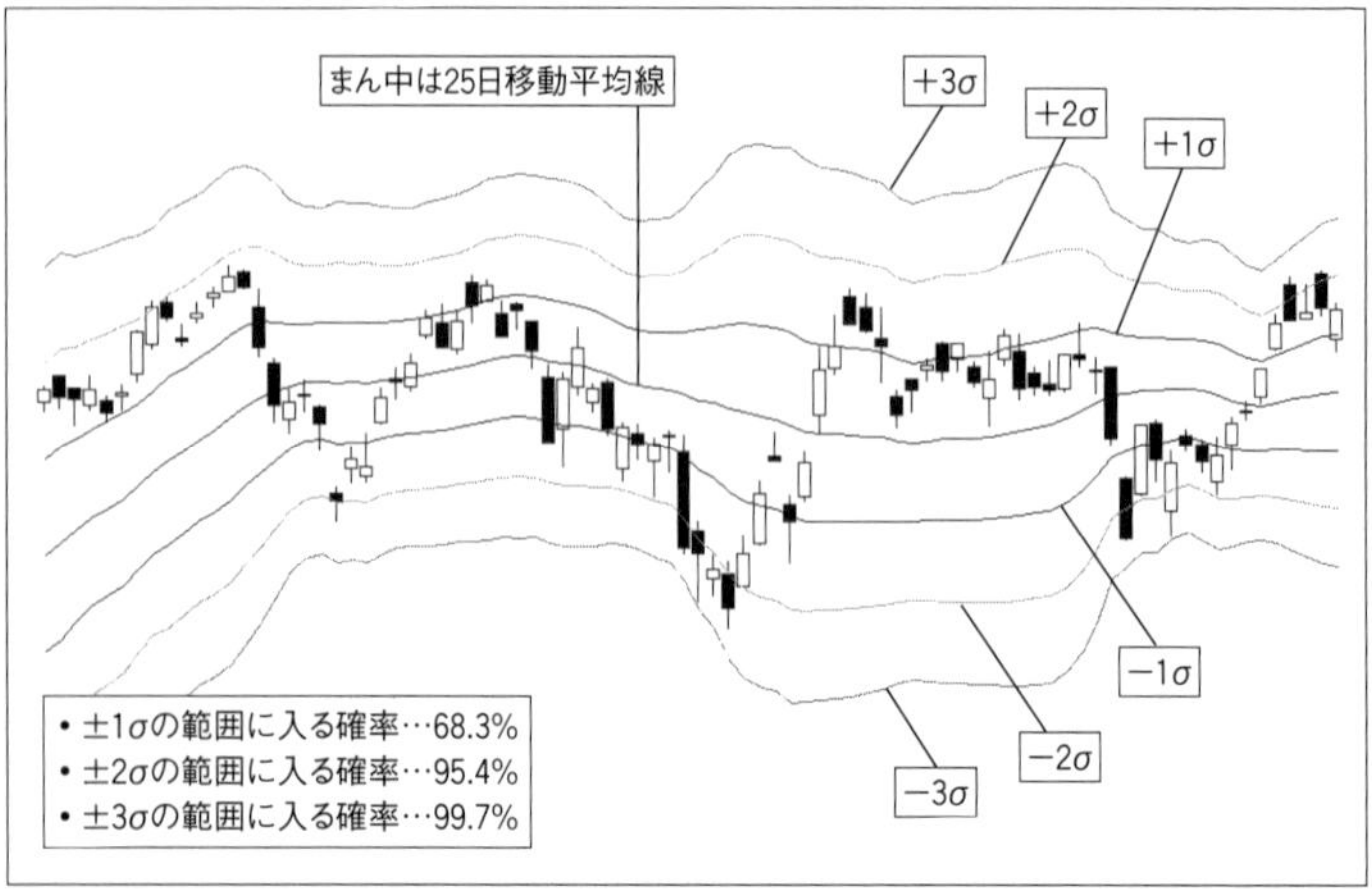

上にあるものも同様に＋1σ（プラス・イチ・シグマ）、＋2σ、＋3σと呼びます（このラインは標準偏差で計算された線であると言いましたが、25日移動平均線を中心として、ある一定期間の約68％の終値が入る範囲が±1σ、約95％が入る範囲が±2σ、約100％弱が入る範囲が±3σというものです）。

前述した通り、上下の幅が狭いボリンジャーバンドの幅は一定期間経つと広がるものです。

なぜ、広がるのでしょうか？

これは株価の値動きのパターンにあります。

株価というものは、次ページ上図のようにじっと動かないときもあれば、大きく動くときもあります。

[典型的な株価の動き]

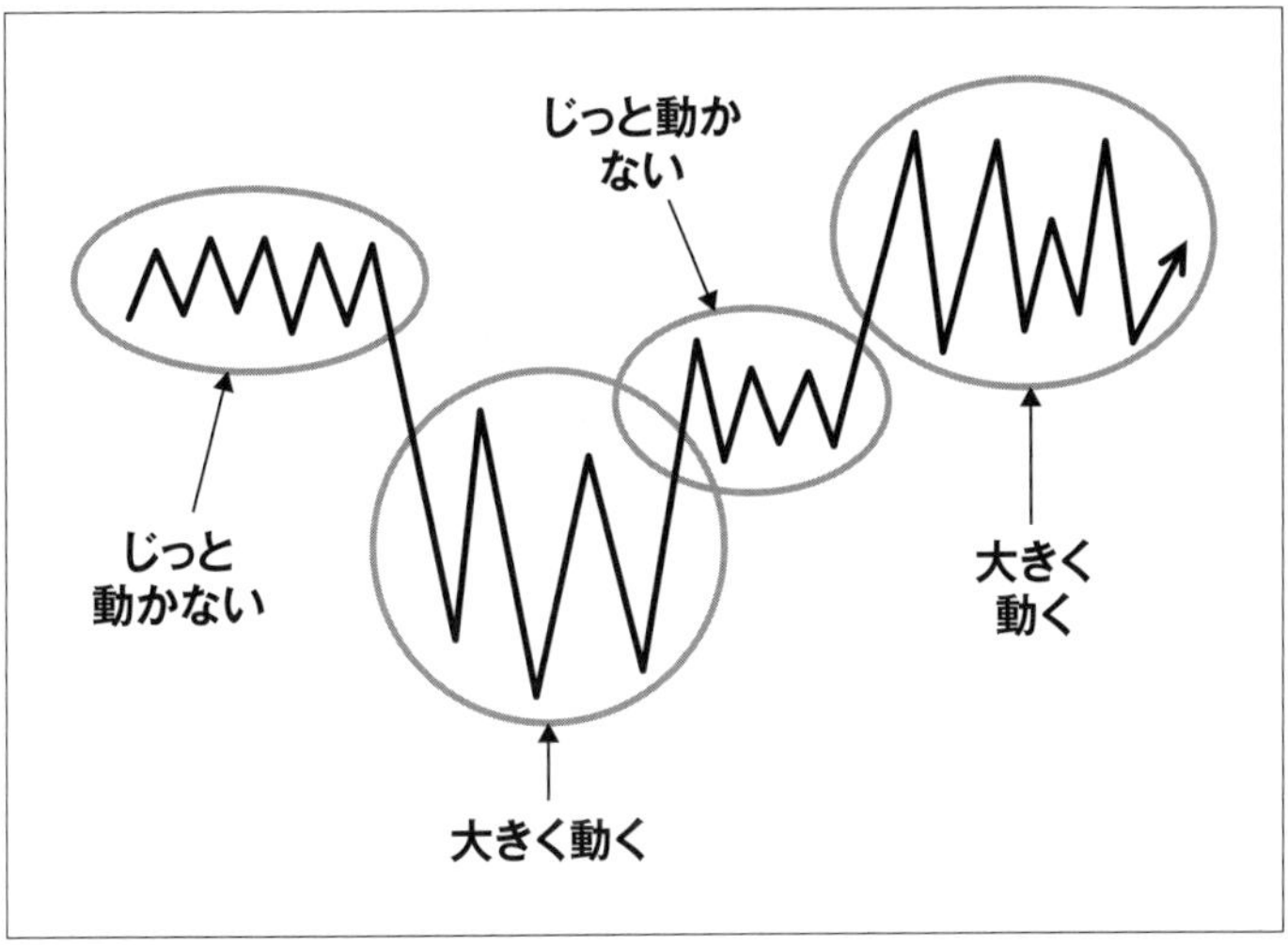

[ポイント8・上下の幅が狭いボリンジャーバンドの−2σに株価がある]

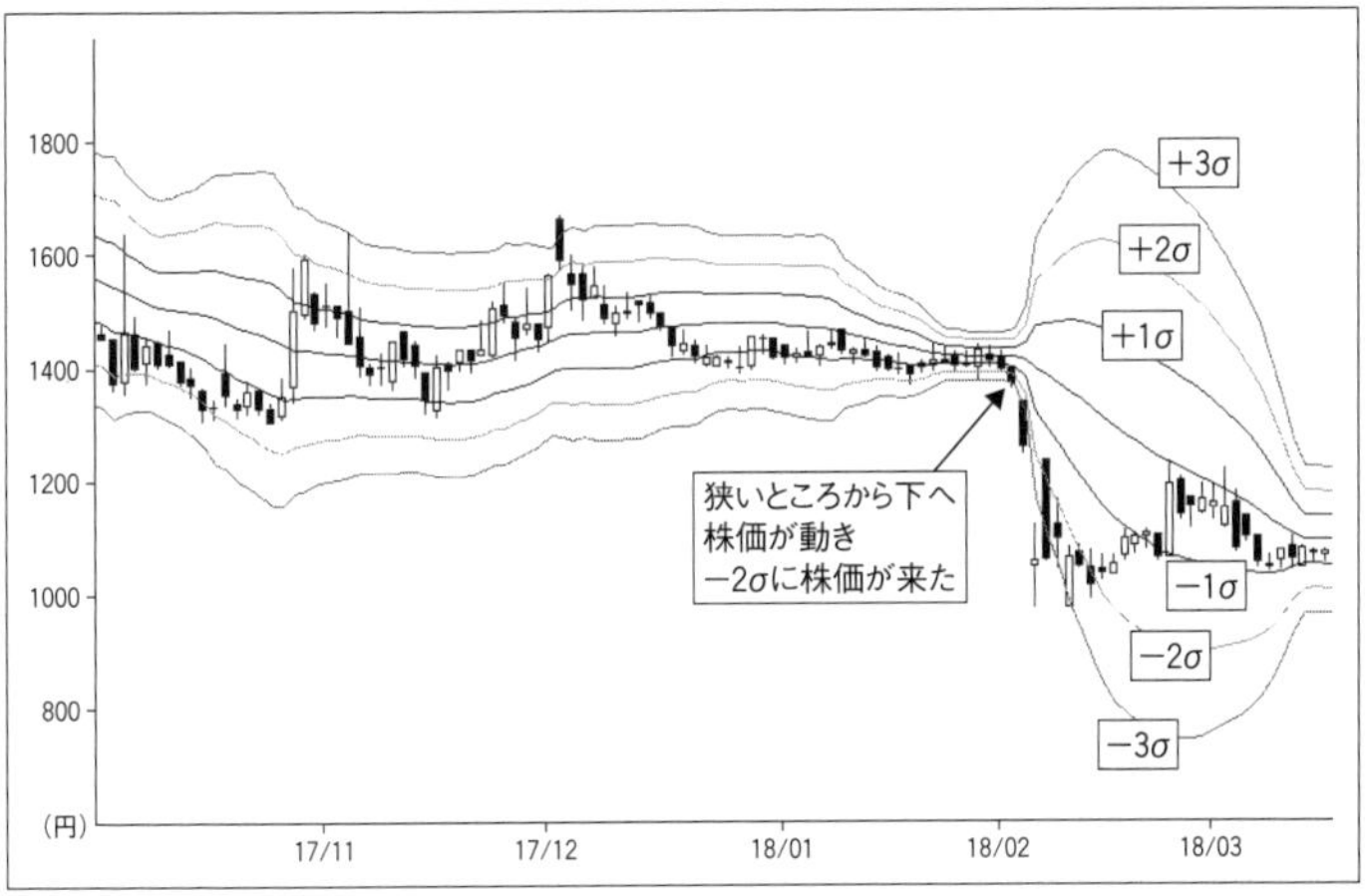

多くの銘柄が、この状況を繰り返します。

ということは、何を考えなければならないのでしょうか？

そうです。動かない状態であれば、「そろそろ動くかも？」、逆に大きく動いている状態であれば「そろそろ止まるかも？」と考えなければならないのです。

例えば、人間はどうでしょう？　いつも同じところにじっとしていなくてはならず、動いてはいけない人であれば、どこかで動いてストレスを発散したいなあと思いますし、いつも忙しく動き回っている人であれば、休息したいなあと思うはずです。

それと同じです。

ボリンジャーバンドの±2σの幅が狭いときに、－2σに株価が来ると、まさにその「広がり」の前ぶれである可能性が高いのです（前ページ下図）。

ボリンジャーバンドに限らず、「トレードを仕掛ける際の鉄則」というものがいくつかあるのですが、その一つとして「大きく動く前に仕掛ける」というものがあります。

先ほども言いましたが、あまり動いていない銘柄は、勢いがつけば大きく動く可能性があり、狙い目だということです。

すでに売られ始めている（動き始めている）銘柄に注目するだけではなく、「まだ売られていない（動いていない）銘柄の売られる可能性を見抜く」という視点でも、銘柄選びを考えてみてください。

BASIC 9

カラ売りポイント9

「三段上げ」のあと下げが始まったとき

株価が上がり始めてからずっと上がりっぱなし、逆に株価が下がり始めてからずっと下がりっぱなしということはあるのでしょうか？

そんなことはありません。

株価は上げ下げをジグザグ繰り返しながら、全体的に上がっていったり下がっていったりします。

もし、その上げ下げに法則があるとしたら、どうでしょう。

転換点を予測しやすいのではないでしょうか。

そんな都合のいい法則はない…と言われそうですが、実はあるのです。
それが**「三段高下の法則」**と呼ばれるものです。

三段高下の法則とは、簡単に言えば「株価は上がるときも下がるときも、三つの段階を経る」というものです。

つまり、安値から三つの「上げ」でピークに達し、同じく、高値から三つの「下げ」で底を打つというものです（次ページ上図）。

次ページ下図をご覧ください。大きく三段に分かれて上昇しているのがわかると思います。ただ、この三段の上げは、自分で値動きを見ながら、自分で判断することになるので、どの部分を見て三段上げとするかは、人によって違うこともあります。

「カラ売り」のタイミングとしては、「上げ」の三段が終わって「下げ」の一段目が始まる瞬間や「始まったあと」です。

ろうそく足一つひとつの形や陽線陰線といった色から、上げ下げのメッセージを読み取ることはもちろん大事ですが、三段高下のように大きなスパンで株価の流れを読み取るのも非常に大切です。

【三段高下の法則】

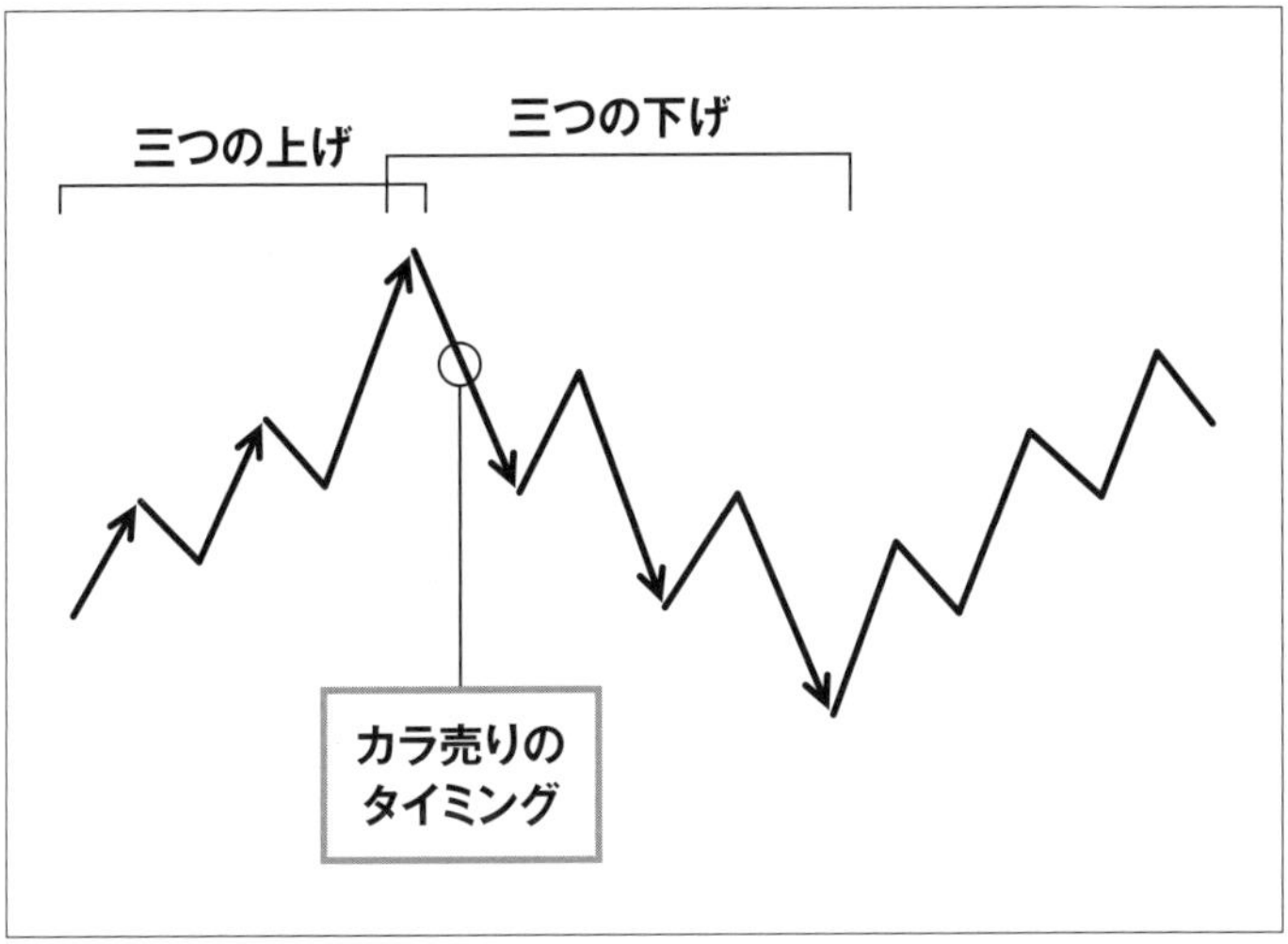

【ポイント９・「三段上げ」のあとの下げ】

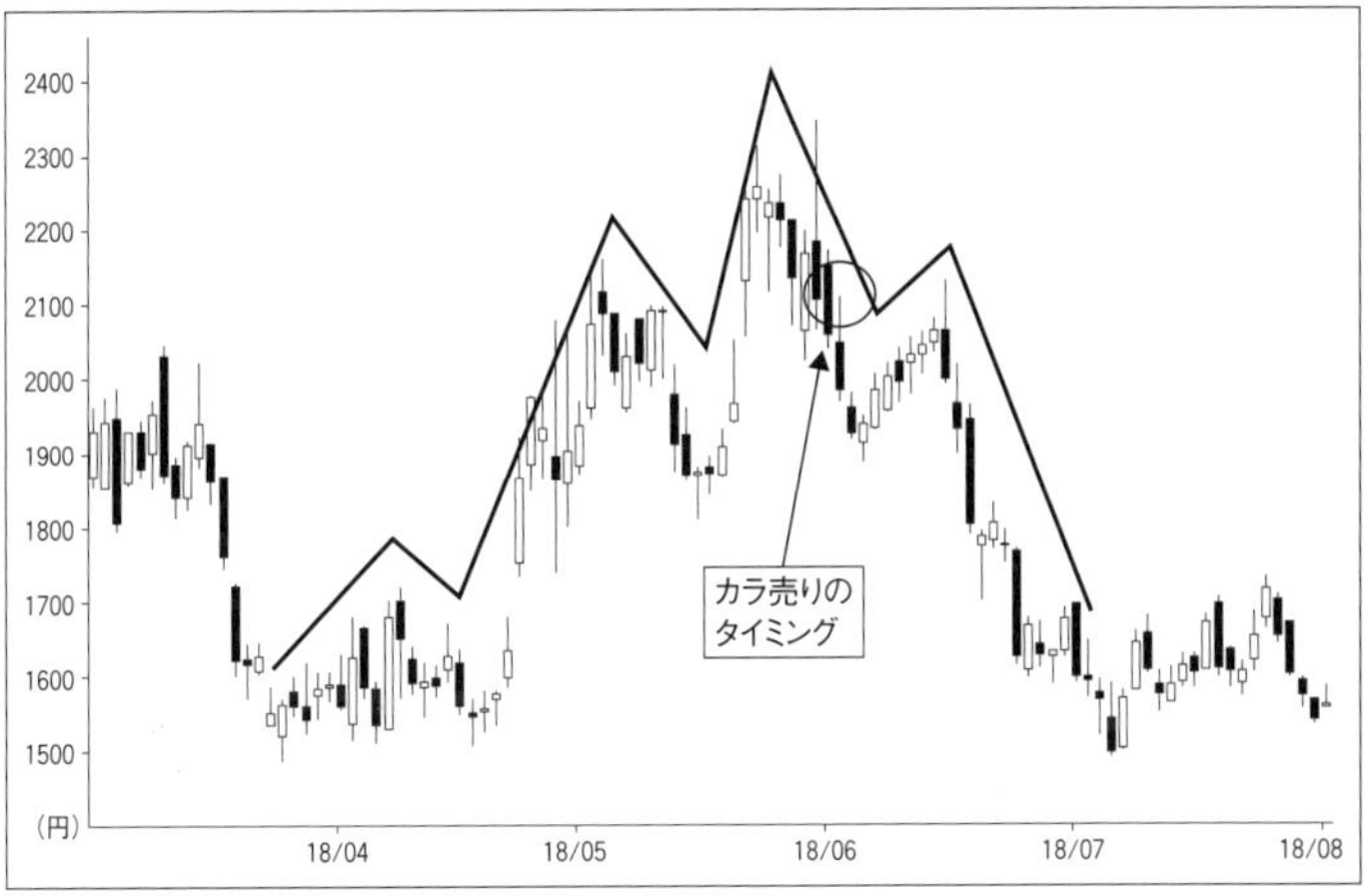

チャート分析をするときは、ミクロの視点とマクロの視点の両方を持つようにしてみてください。

BASIC 10

カラ売りポイント10

トレンド転換（株価が支持線を下抜ける）

初心者から上級者まで使える、便利な分析指標に「**トレンドライン**」というものがあります。

これまでにもお話しししていますが、株価はいったん上がり始めると、日々の動きはジグザグしながらもしばらくは上がり続け、いったん下がり始めると、日々の動きはジグザグしながらもしばらくは下がり続けることが多いものです。

このような全体的に方向感がある状態のことを「トレンド」と言いました。

株価の流れを大きな流れで見たとき、今注目している銘柄は「上昇トレンド」にあるのか、それとも「下降トレンド」にあるのか、それを判断する材料の一つにトレンドラインがあります。

トレンドラインはこれまで紹介してきた指標のように、チャート上に自動的に表示されるものではありません。

チャートソフト内にある描画ツールなどを使って、あなた自身が線を引きます。ですので、先ほどの「三段高下の法則」のときと同じで、誰が見ても同じとはならないことがあり、あなたの主観が入る余地が出てきます。

一定期間の高値同士を結んだものを「抵抗線」（上昇するのを邪魔する＝抵抗になる線）と呼び、安値同士を結んだものを「支持線」（下落するのを抑える＝支持する線）と呼びます（125ページ上図）。

抵抗線と支持線が共に右肩上がりのラインを描いている場合は、基本的に上昇トレンドとなります（125ページ下図）。

そして、株価がこの支持線の上で推移している限りは、上昇と判断します。

でも、上がっているものは、いつかは下がるのが株価の性質です。

上昇トレンドがいつまでも続くわけではなく、いつかは終わるはずです。

その**上昇トレンドが終わるときが、株価が上向きの支持線を下抜けるところ**です。

株価が支持線を下に抜けることを**「トレンド転換」**と言います。

それまで株価が支持線の上で動き、上昇のトレンドが維持されていたところを割り込んできたのですから、ここで上げトレンドがいったん終了となります。

そして、いくつかの条件がうまく重なれば、そこから下降トレンドに入る可能性が高くなります。

また、急落や暴落も起こる可能性も高くなり、カラ売りのチャンスポイント（126ページ図）となります。

このトレンド転換ですが、トレンド転換の意味は、あくまでも「上昇トレンドが終わった」ということにすぎません。「ここから下降に入る」とは決して言っていない点に注意です。

「上昇トレンドが終わったんだから、下がるんじゃないの？」

と思われたあなたは短絡的です。

ただ、それもそのはずで、一般的な株式投資の本にはよく「下へ抜けたトレンド転換は下げる」と書いてあります。

【「抵抗線」と「支持線」】

【抵抗線と支持線が右肩上がりなら上昇トレンド】

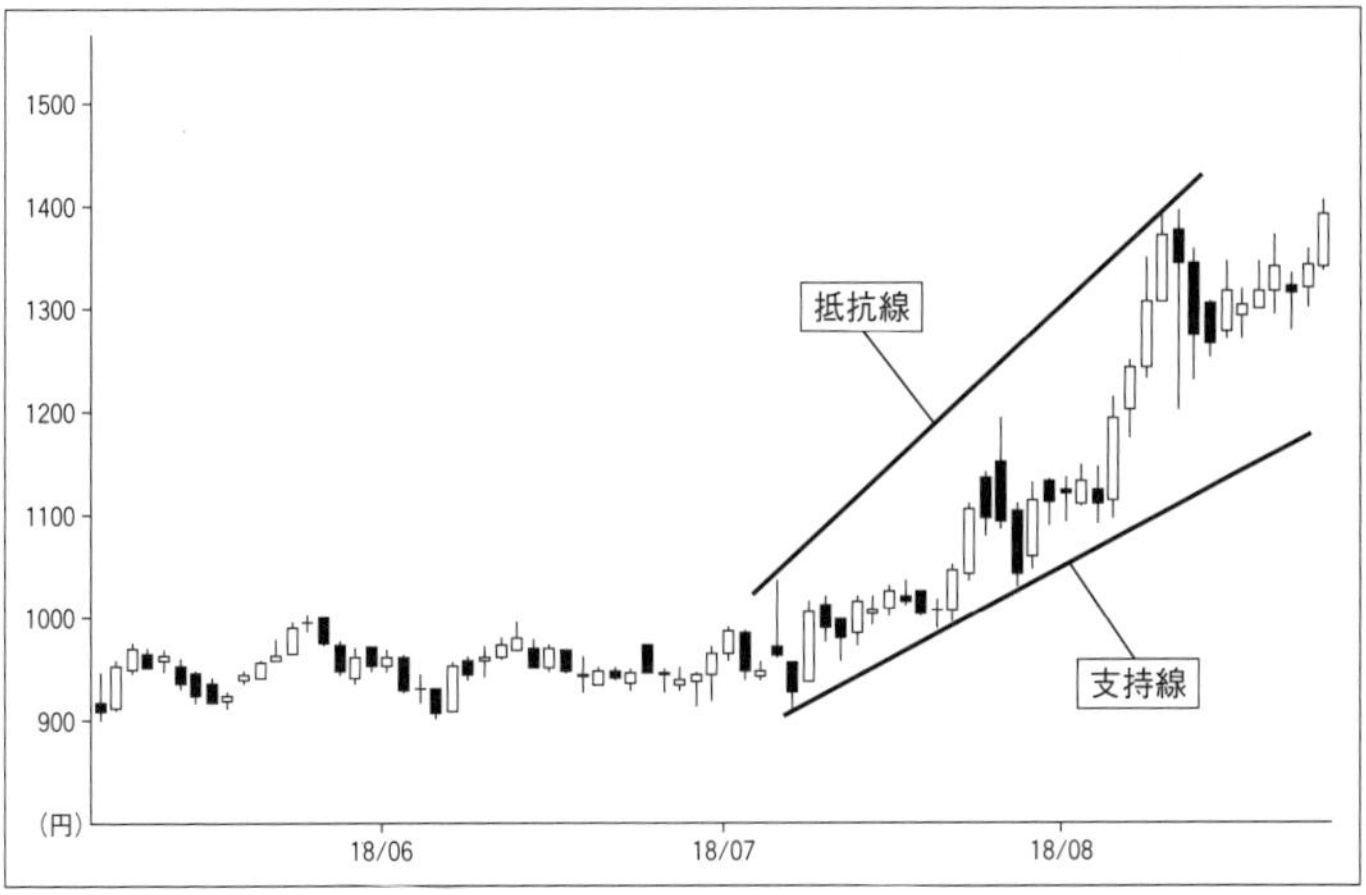

【ポイント10・株価が支持線（トレンドライン）を下に抜ける】

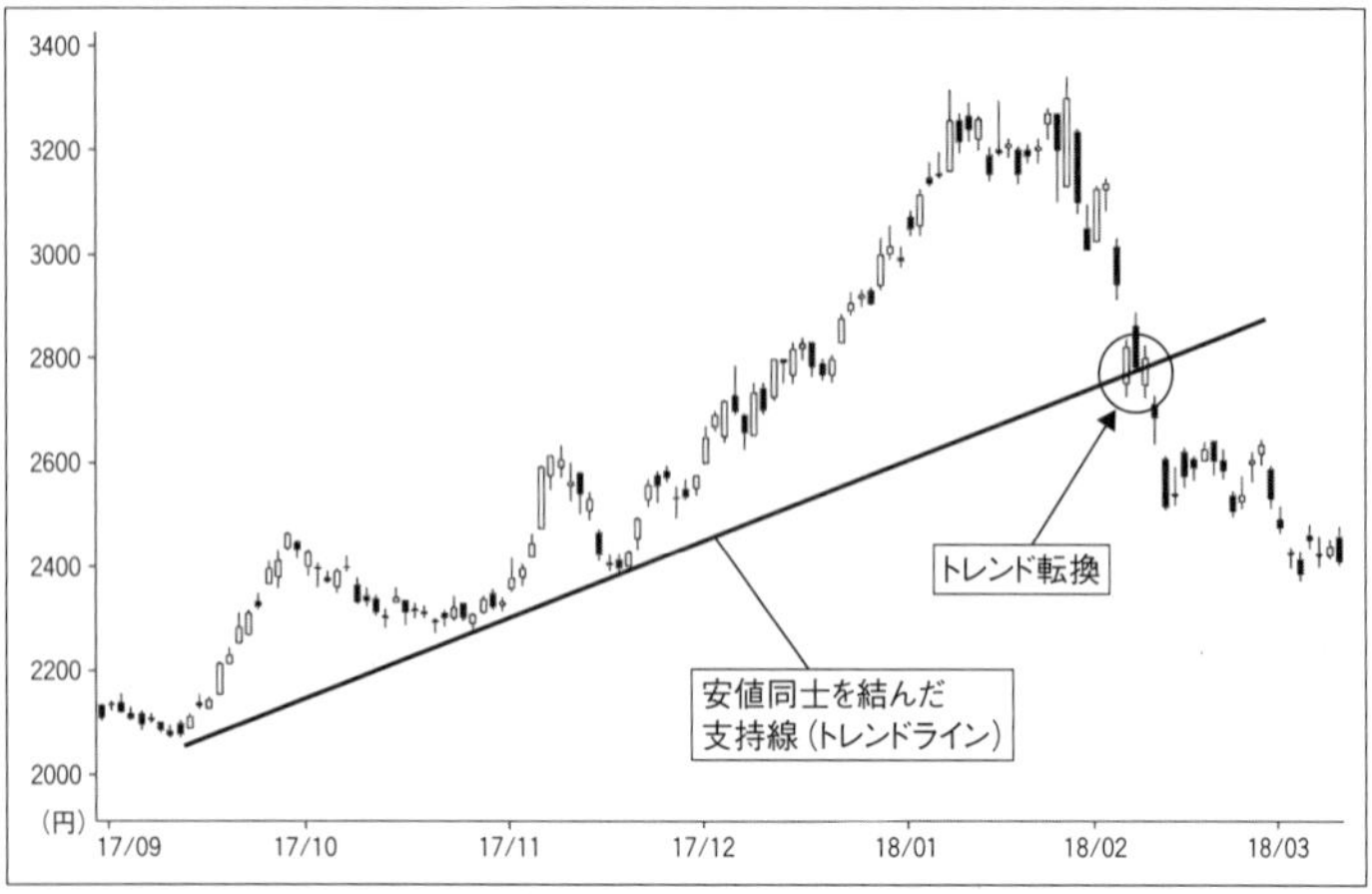

では、すべての銘柄が下がっていくのでしょうか？

これには下がらない場合もあり、「持ち合う」場合があるのです。

「持ち合う」とは、下げも上げもせず、横ばいになる状態です。そして、その後は下に行くとは限らず、さらに上に行くことも十分考えられます。

ですので、「下へのトレンド転換」を確認したときは、「下がる」ではなく、あくまでも「上昇トレンドが終わった」という認識にとどめておいてください。

「下へのトレンド転換」＝「下がる」と決して考えないでください。

そして、他の条件（第5章で説明します）が重なると下げることになるのです。

第5章

複数のサインで売る！
7つの最強カラ売りパターン

第4章では、基本的な10のカラ売りパターンを取り上げました。これらのパターンを覚えたら、次はそれらを組み合わせて、あなた独自の最強パターンを作ってみましょう。

この最強パターンができたとき、あなたは「暴落相場や急落相場でも稼ぎ続けることができるカラ売りトレーダー」に近づくことでしょう。

この章では、私が普段からよく使っている、多くのカラ売りの最強（指標の組み合わせ）パターンの中から7つを紹介しましょう。

STRONGEST 1

最強パターン1

移動平均線×BB広がり×一目遅行線下抜け

株価が25日移動平均線と75日移動平均線のすぐ下に位置するときは、カラ売りのサインでした（97ページ）。

次ページ上図の矢印部分は、ろうそく足が二つの移動平均線のすぐ下に位置し、その後、

【カラ売り最強パターン1-1】

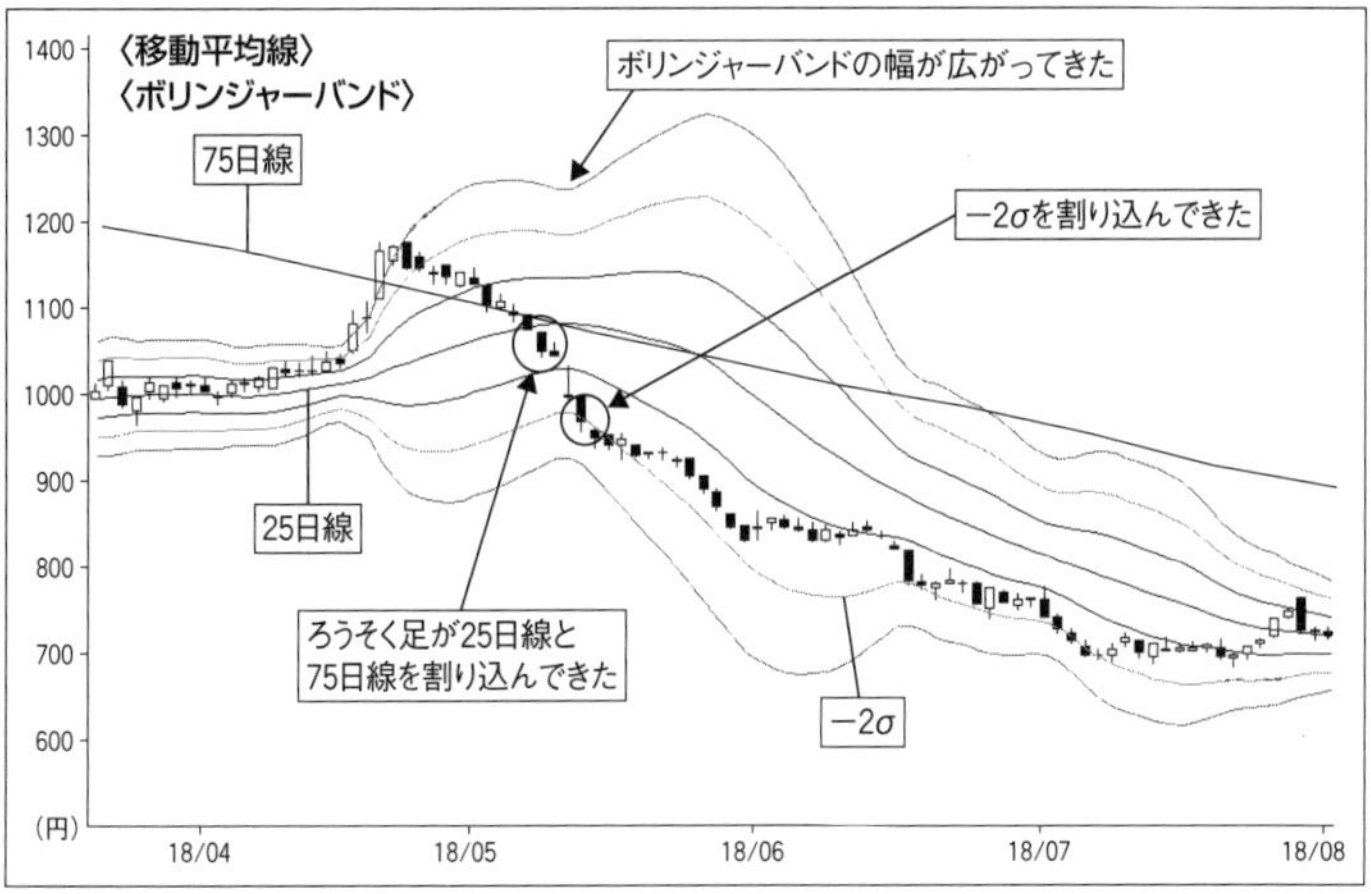

【カラ売り最強パターン1-2】

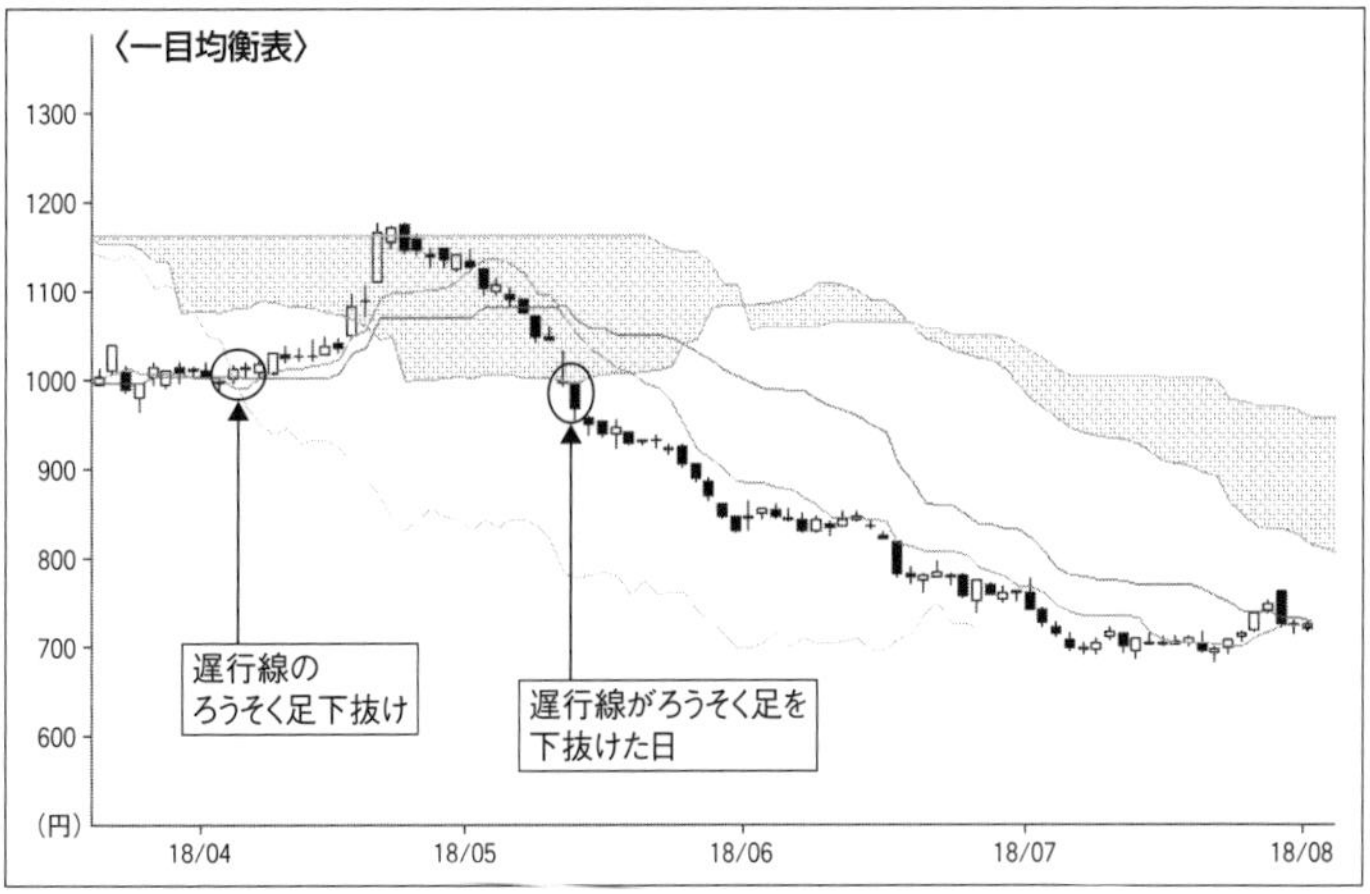

広がってきたボリンジャーバンド（BB）の－2σも割り込んでいます。

そして一目均衡表を見ると、同じときに遅行線がろうそく足を下抜けているのがわかります（前ページ下図）。本書では、移動平均線のチャートと一目均衡表のチャートを重ねるとわかりにくくなるので、分けて表示しています。


下図に示した二つの矢印は離れていますが、遅行線は当日の終値を当日を含めて26日さかのぼって記入したラインなので、この二つの矢印は同じ日になります。

そして、先の移動平均線とボリンジャーバンドが表示されたチャートと一目均衡表のチャートを組み合わせると、三つの売りシグナルが重なっていることに気づきます。

25日と75日の移動平均線を割り込んでから遅行線がろうそく足を下抜けるまでの5日間に、売りシグナルが集中しています。

このようなところが、強力な〝売りどき〟だということです。

その後、株価は下げていることがわかります。

STRONGEST 2

最強パターン2

ＢＢ広がり×一目雲下抜け×三段上げ

次ページ上図に示したチャートの〝リズム〟に注目してみましょう。２０１７年の5月から２０１８年1月にかけて、三つの山を描きながら株価が上がっているのがわかります。

これが先に説明した「三段高下の法則」の「三段上げ」です（119ページ）。三段高下の法則とは、株価は三つの山で下がったり三つの山で上がったりする、という法則でした。チャートを見ると「三段上がってきたので、そろそろ下げかな〜」となります。

この指標の通り、２０１８年の1月を天井に株価は下がり始めていますが、「カラ売り」のタイミングとしては「カラ売りポイント」と示したところになります。

＋２σと－２σの間の上下幅が広がったボリンジャーバンド（ＢＢ）の－２σをろうそく足が下抜けているのに加え、次ページ下図の一目均衡表の同じ位置を見ると、ろうそく

【カラ売り最強パターン2-1】

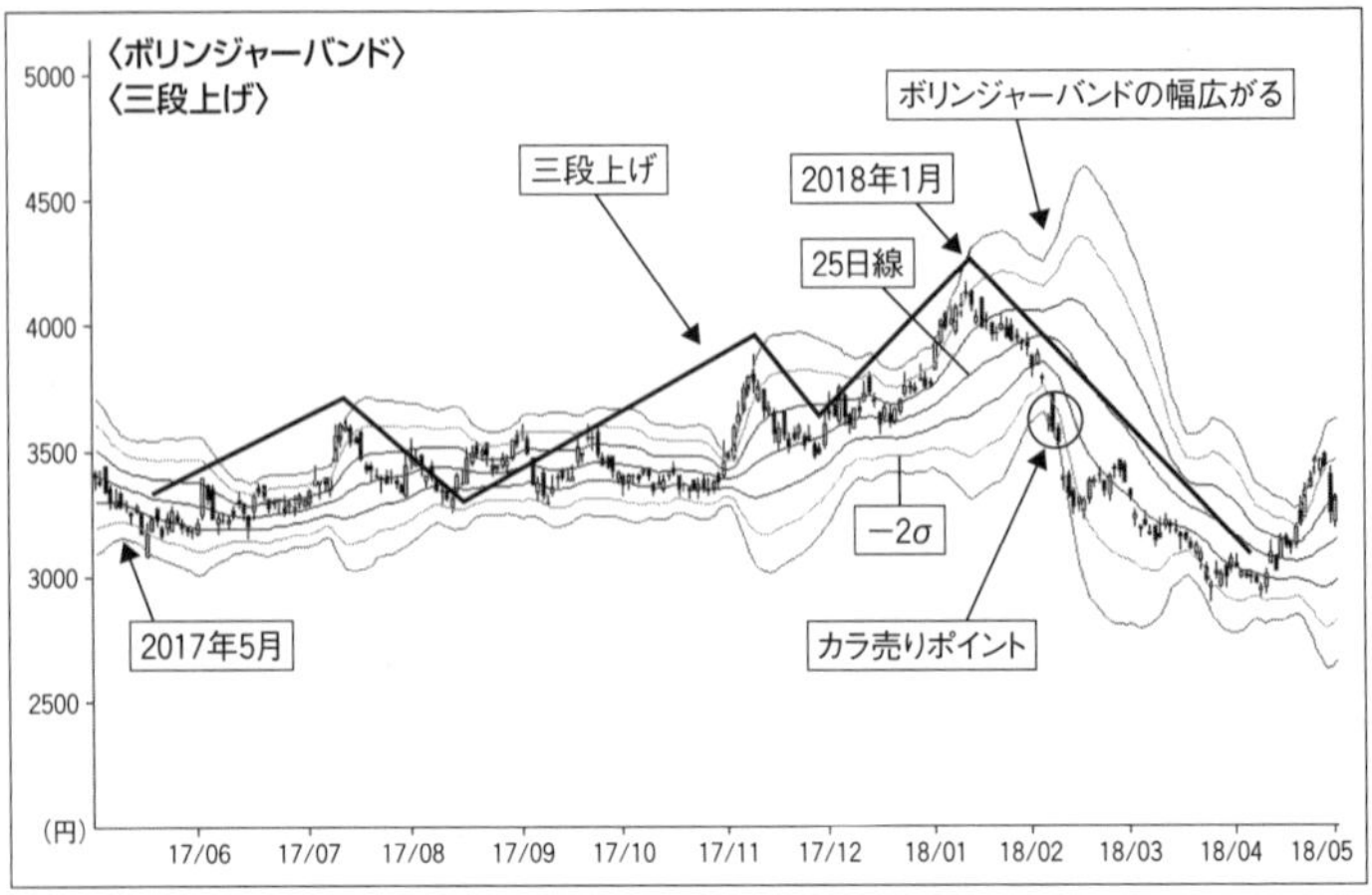

【カラ売り最強パターン2-2】

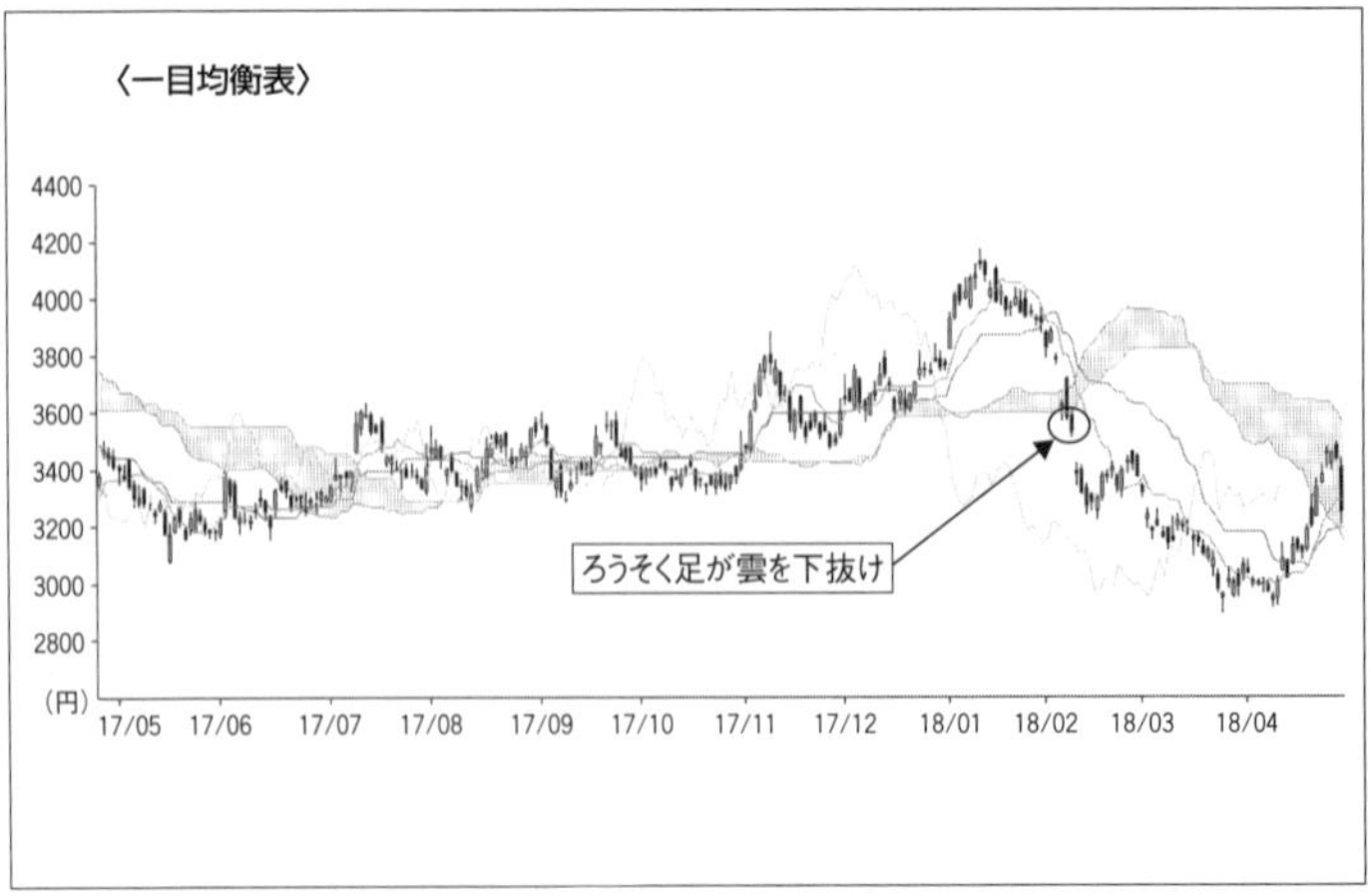

足が雲を下抜けています（105ページ）。

こうして三つのシグナルが重なったことによって、信憑性のある「カラ売り」のサインだと判断できるわけです。

実際に、カラ売りサイン後に、株価は下落していきます。

STRONGEST 3

最強パターン3

BB広がり×一目雲下抜け×トレンド転換

次ページ図では、チャートに支持線（トレンドライン）を引いてみました。

矢印のところが〝トレンド転換〟で、ろうそく足が支持線を下抜けています。

これは第4章でお話ししたように、「株価の上昇トレンドが終わった」というサインになります（122ページ）。

【カラ売り最強パターン3-1】

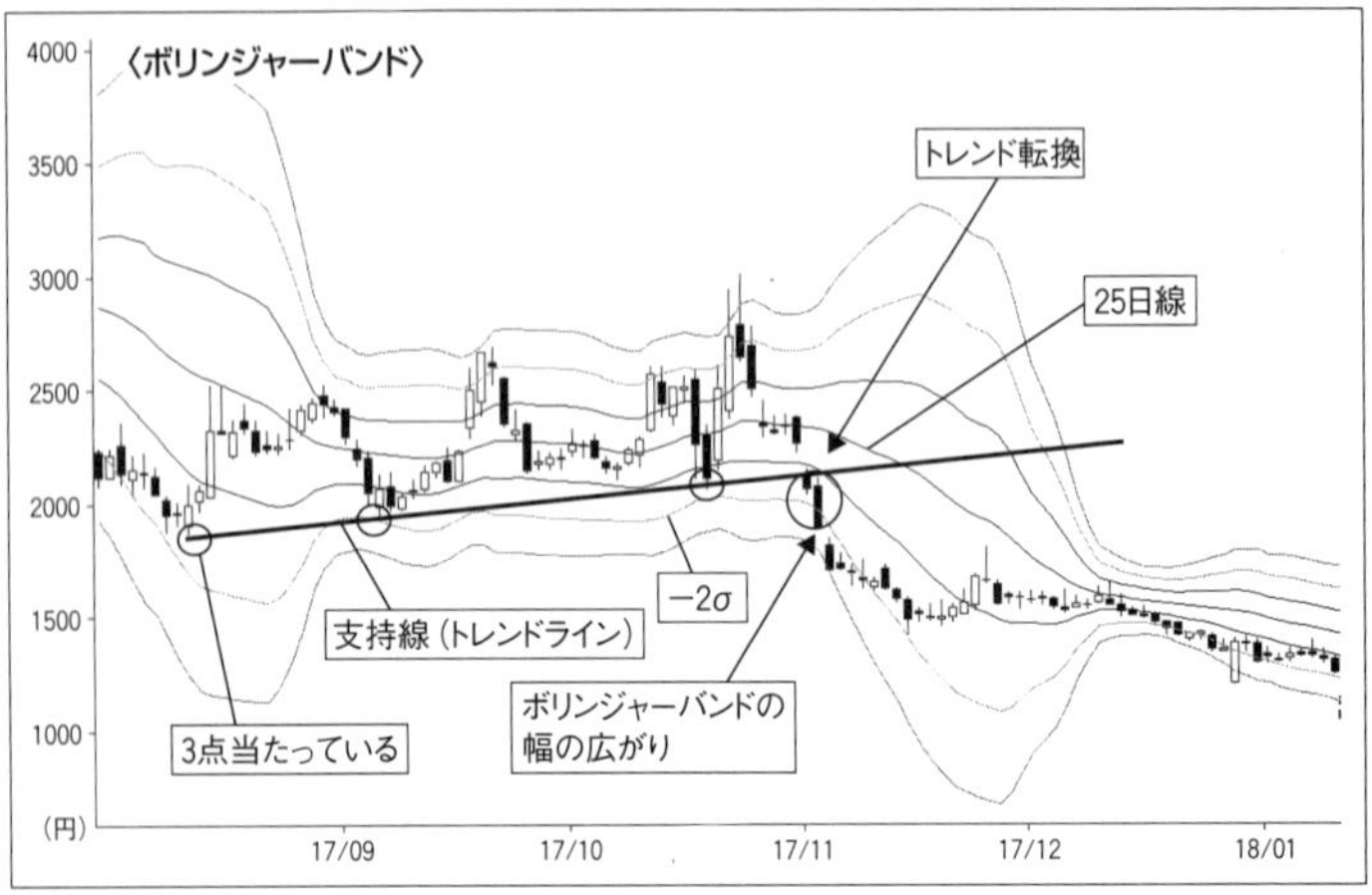

ここで、支持線（トレンドライン）について、もう少し詳しくお話ししましょう。

支持線とは安値と安値を結ぶものです。

このとき、2点の安値だけを結んでトレンドを判断してもいいのですが、できれば2点だけではなく、上図のように3点以上の接点を求めてみてください。

というのは、2点の安値さえあれば、支持線自体はすぐに引けるからで、支持線を引いてみて3点、4点と接点が出てくるようなら、この支持線は多くのトレーダーや投資家に意識されているということになり、信憑性が増すからです。

要は、この支持線を見ている（意識している）「多くの投資家やトレーダー達」、あるい

［カラ売り最強パターン3-2］

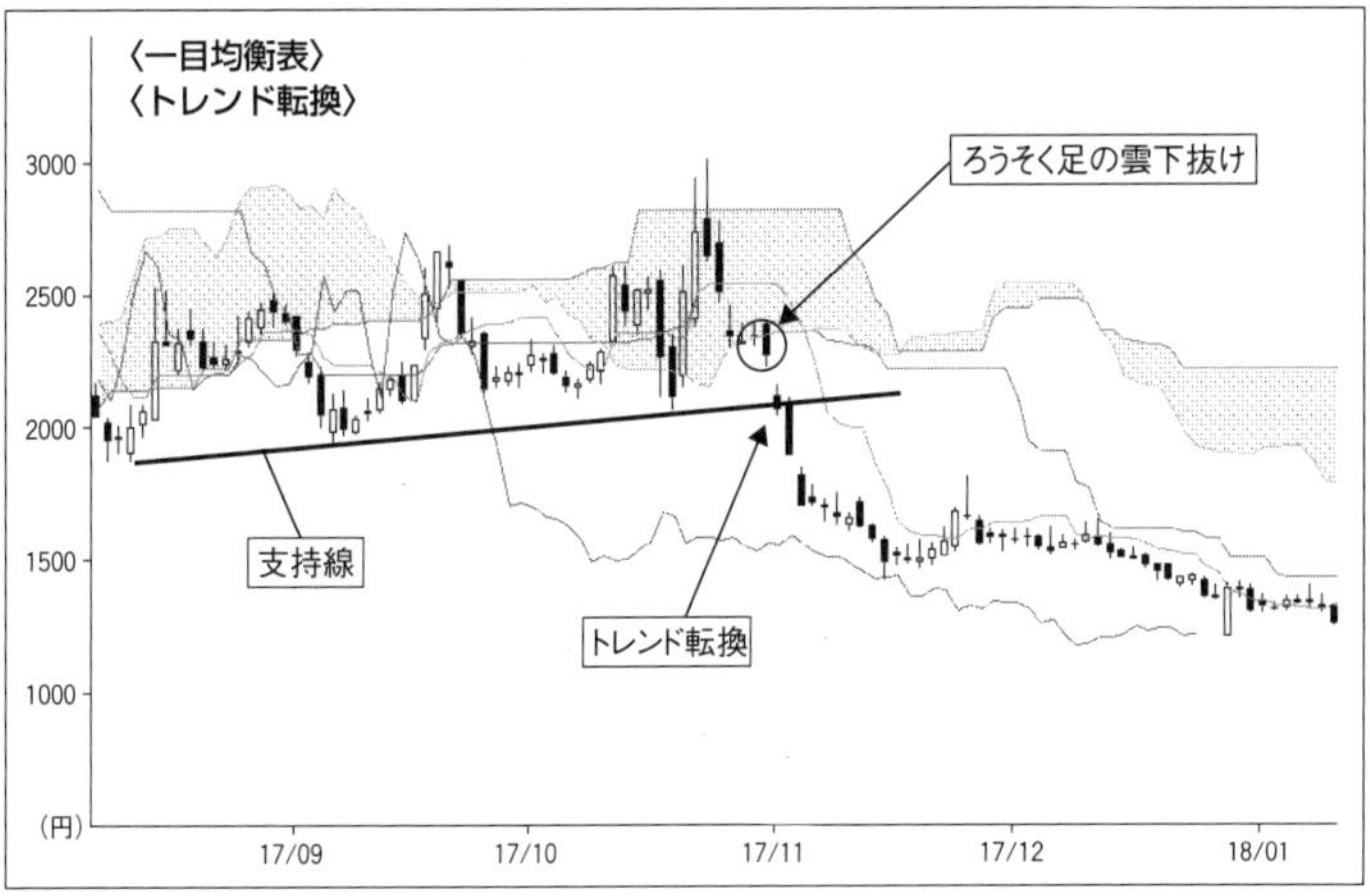

は「資金をたくさん持っている投資家やトレーダーの一部」に意識されている支持線を見つけ出すのです。

こうした支持線を株価が下抜けた場合は、今まで意識して支えられていた線をぶち破ってきたわけですので、それまでの角度（トレンド）での上昇が終わった。つまり上昇の勢いがなくなった、と考えるのです。

そして、他の条件が重なれば、そこから継続的な下降や急落・暴落する可能性が出てくるのです。

そこで、この箇所の一目均衡表（上図）を見てみると、ろうそく足が雲を下抜けたタイミングと近いことがわかります。

これも先ほどの組み合わせと同じように三つのシグナルが重なっているので、カラ売りすべきタイミングだということになります。

STRONGEST 4

最強パターン4

一目雲下抜け×一目遅行線下抜け×トレンド転換

ここでも、注目すべきはトレンドラインをろうそく足が下抜けたところです。

次ページの図を見てください。

まず、株価が雲を下抜け、ほぼ同時に遅行線がろうそく足を下抜けました。

それと同時にトレンド転換しています。

これも三つのシグナルがそろったことになりますね。そこから株価は一気に急落していきます。

このパターンだけではなく、すべてのパターンに共通しますが、「サインが重なる」ことがいいのはわかりました。

【カラ売り最強パターン4】

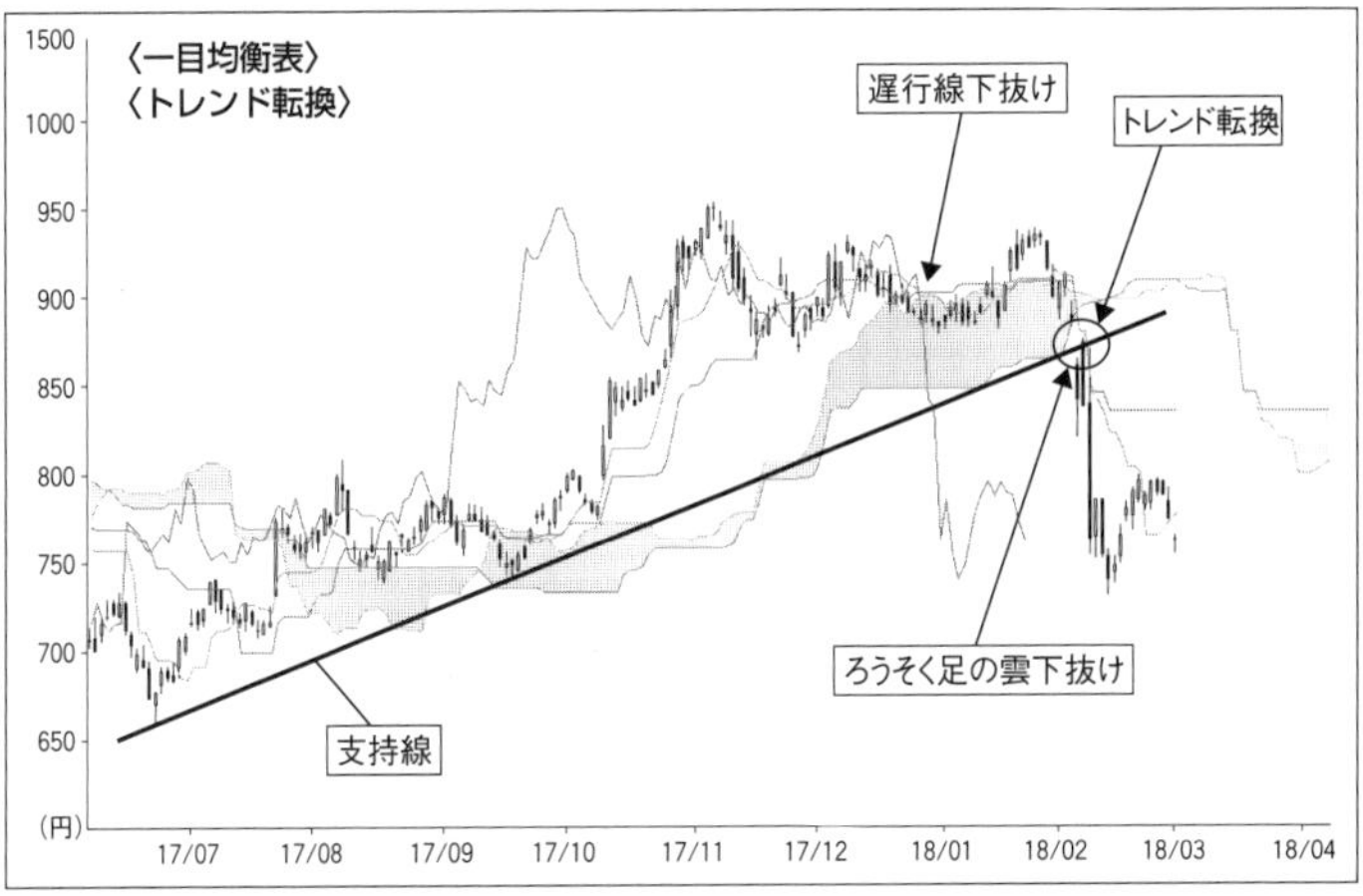

では、いったいどのようにして、このようなチャートを見つけていくのでしょうか。

一番いいのは、「その日にすべてのサインが重なる」状態です。

見つけ方のポイントは、「サインが出てしまった」チャートではなく、「サインが出そうな」チャートを前もって探しておくことです。

例えば、

移動平均線であれば、25日線と75日線のすぐ上に株価があり、25日線と75日線が近い。

トレンドラインであれば、株価が下値支持線のすぐ上にある。

一目均衡表であれば、株価が雲の中で、下限近くにある。ろうそく足のすぐ上に遅行線がある。転換線が基準線の上にあり、基準線と転換線が近い、などです。

STRONGEST 5

最強パターン5

BBの幅が狭い×一目遅行線下抜け×転換線が基準線下抜け

第4章でもお話ししましたが、ボリンジャーバンドのいい形の一つに、±2σの幅が狭い状態から急激に広がっていく形がありました。

まさにその形を示しているのが、次ページ図の矢印の部分です。

仕掛けるポイントは、「広がりきってしまった後」ではなく、ちょうど「広がってきた瞬間」です。

この絶妙なタイミングをとらえたポイントが、矢印の部分になります。

±2σの幅が狭いボリンジャーバンドから、株価が下へ行ったことによってボリンジャーバンドの±2σの幅が広がったら売りです。

このチャートでは2か所ありますね。

±2σの幅が狭いボリンジャーバンドの－2σの線をろうそく足が下に抜けているポイ

【カラ売り最強パターン5-1】

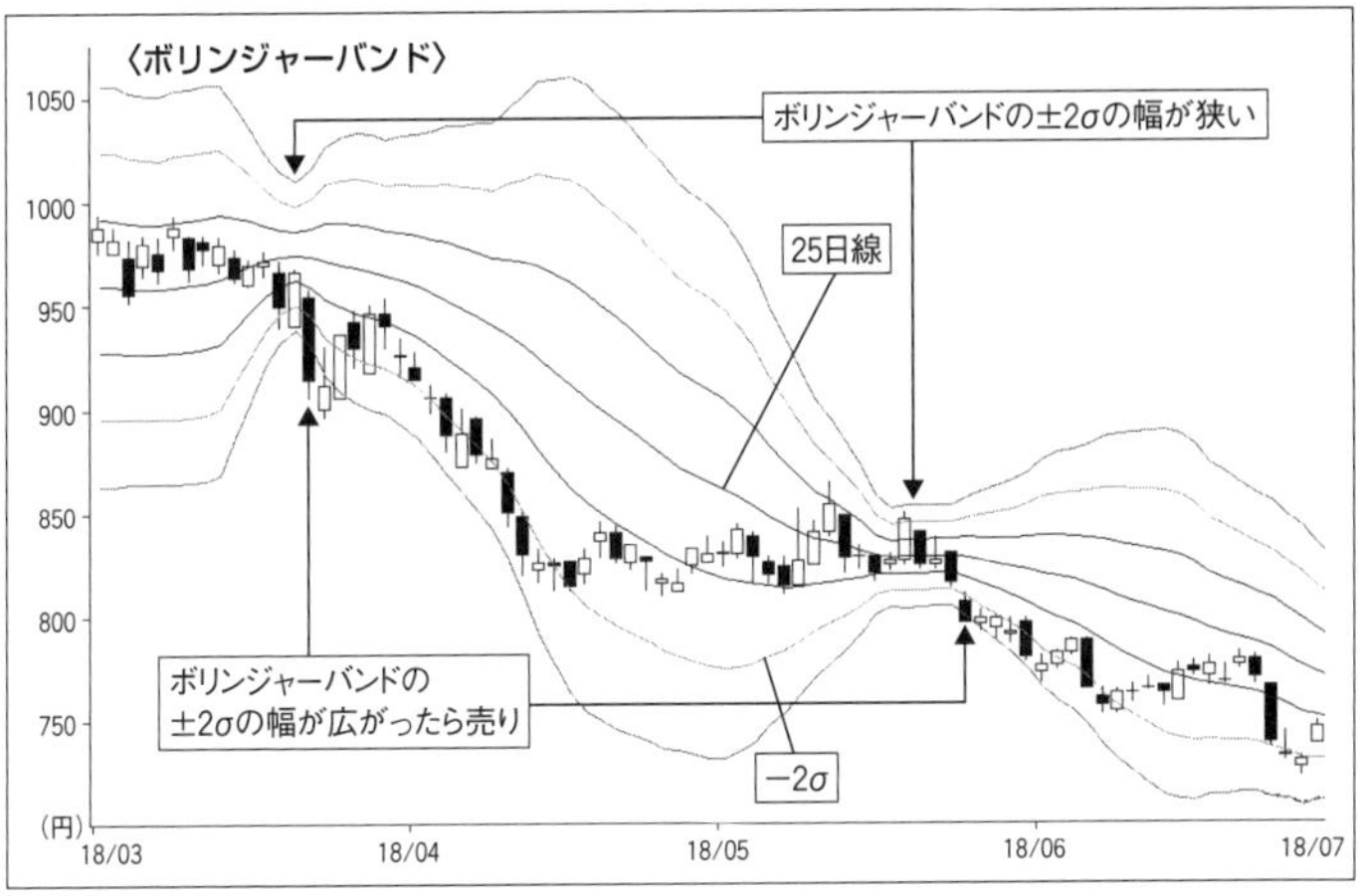

ントです。

ここでのもう一つのポイントですが、サイ**ンが「出てしまったあと」ではなく「出始めた瞬間を狙う！」という考え方が、非常に大切**で、この考え方はボリンジャーバンドを使うときだけではなく、ほかの指標を使うときにも同じことが言えます。

というのも、仕掛けのサインが「出てしまったあと」の段階では、他の投資家やトレーダーの売りが殺到したあとのことも多く、すでに株価が値下がりし切っていることも多いからです。

ですので、仕掛けのサインが「出てしまったあと」の段階で「下げるチャートだ！」と気づいてカラ売りを入れても、なかなか大き

［カラ売り最強パターン5-2］

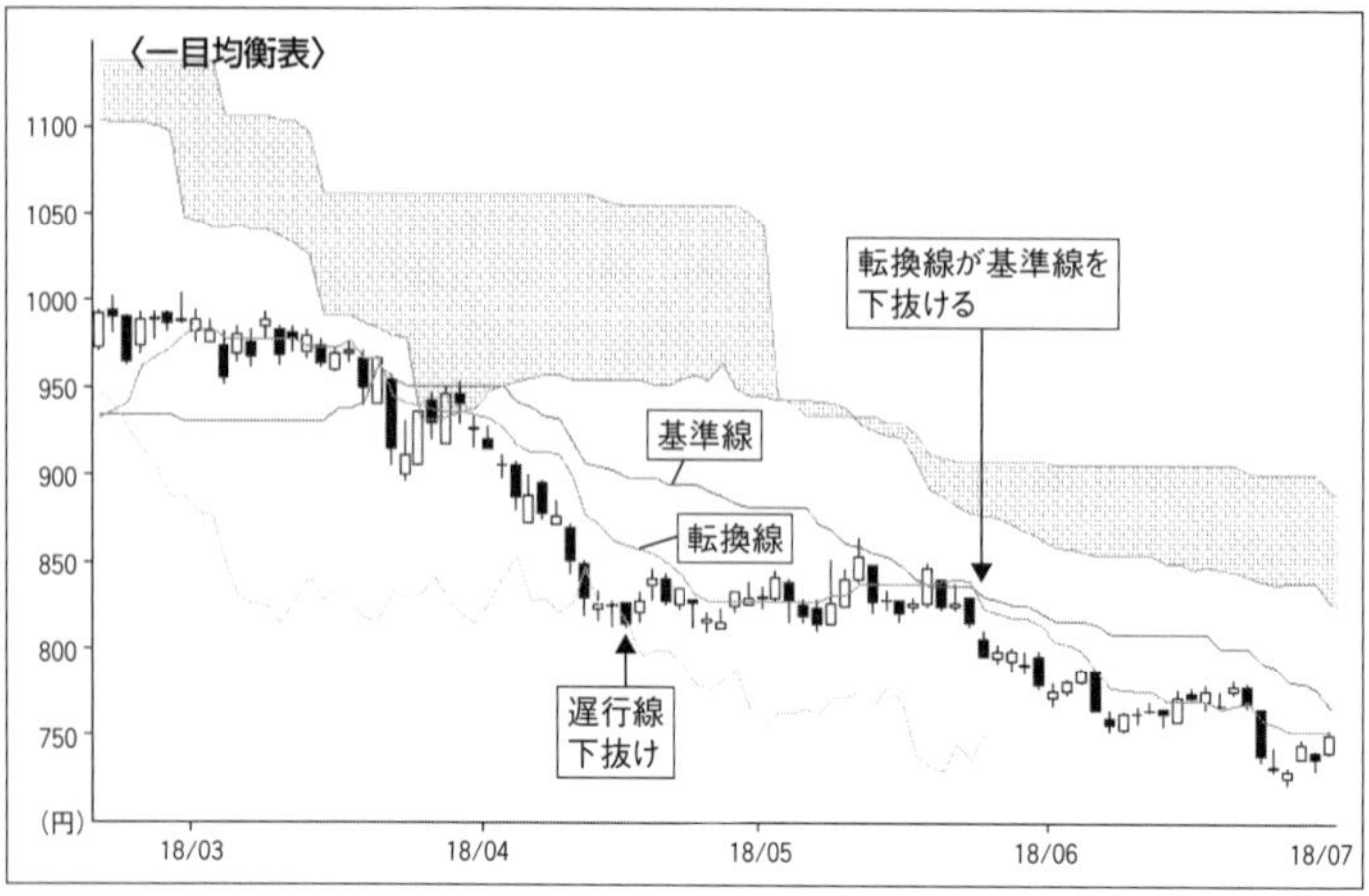

な利益は見込めないのです。

また、動いてしまったあとは目先の利益確定の買い戻しや安くなったことによる通常の買いも入る可能性が高くなるため、あなたが仕掛けたとたんに、反対に動き、上に行ってしまうということも起こりやすくなってきます。

大切なのは「サインが出始めた瞬間」にいち早くサインに気づき、大きく下がってしまう前にこれから下がる銘柄をカラ売りすることなのです。

上図の一目均衡表を見ると、遅行線がいったんろうそく足の中に入り、その後ろうそく足の中から下へ抜けたその日に、転換線が基準線を下へ抜けているのがわかります。

これは、一目均衡表内で二つの「売りサイン」が同時に出現したことになります。

他の条件次第にはなりますが、一目均衡表のサインとしては、迷わずカラ売りを入れたくなるタイミングの一つです。

先の139ページの図に戻ると、その後、±2σの幅が狭いボリンジャーバンドの－2σに陰線がかかり、±2σの幅が広がっていくのがわかります。

STRONGEST 6

最強パターン6

移動平均線×一目雲下抜け×一目遅行線下抜け

143ページの上図をご覧ください。2018年12月から下落しているこの銘柄。

カラ売りのポイントは、株価が75日、25日の二つの移動平均線のすぐ下に来たときです（97ページ）。

一目均衡表（143ページ下図）でも、ろうそく足が雲を下に抜けています。

そしてその5日前に、遅行線がろうそく足を下に抜けるシグナルも出ています。

その後、急落することになります。

移動平均線を見てみますと（次ページ上図）、雲を下抜けた日と同じ日に25日線と75日線を下抜けていることがわかります。

このときは6日間の間に「売りサイン」が三つ出たパターンでした。

このように売りサインが重なると、ダマされにくくなります。

そして、こんなときは売りが売りを呼び、株価が暴落・急落する可能性も非常に高くなるのです。

ここまでいくつかの下がるチャートをご覧になってきて、何か気づかれたことはないでしょうか？

チャートパターンとして、三つのサインが重なればOKと言ってきましたが、このように「三つサインが重なったところは、実は他のサインも出ていることが多い」ことに気づかれたでしょうか？

次ページのチャートで言いますと、25日線と75日線を下に抜け、一目雲を抜けた日の翌日に、転換線が基準線を下抜けています。そしてその翌日には、8月10日安値と11月15日安値とを結ぶ支持線を下に抜けてきています。

このチャートの場合、8日間で5つのサインが重なっていることになります。

【カラ売り最強パターン6-1】

【カラ売り最強パターン6-2】

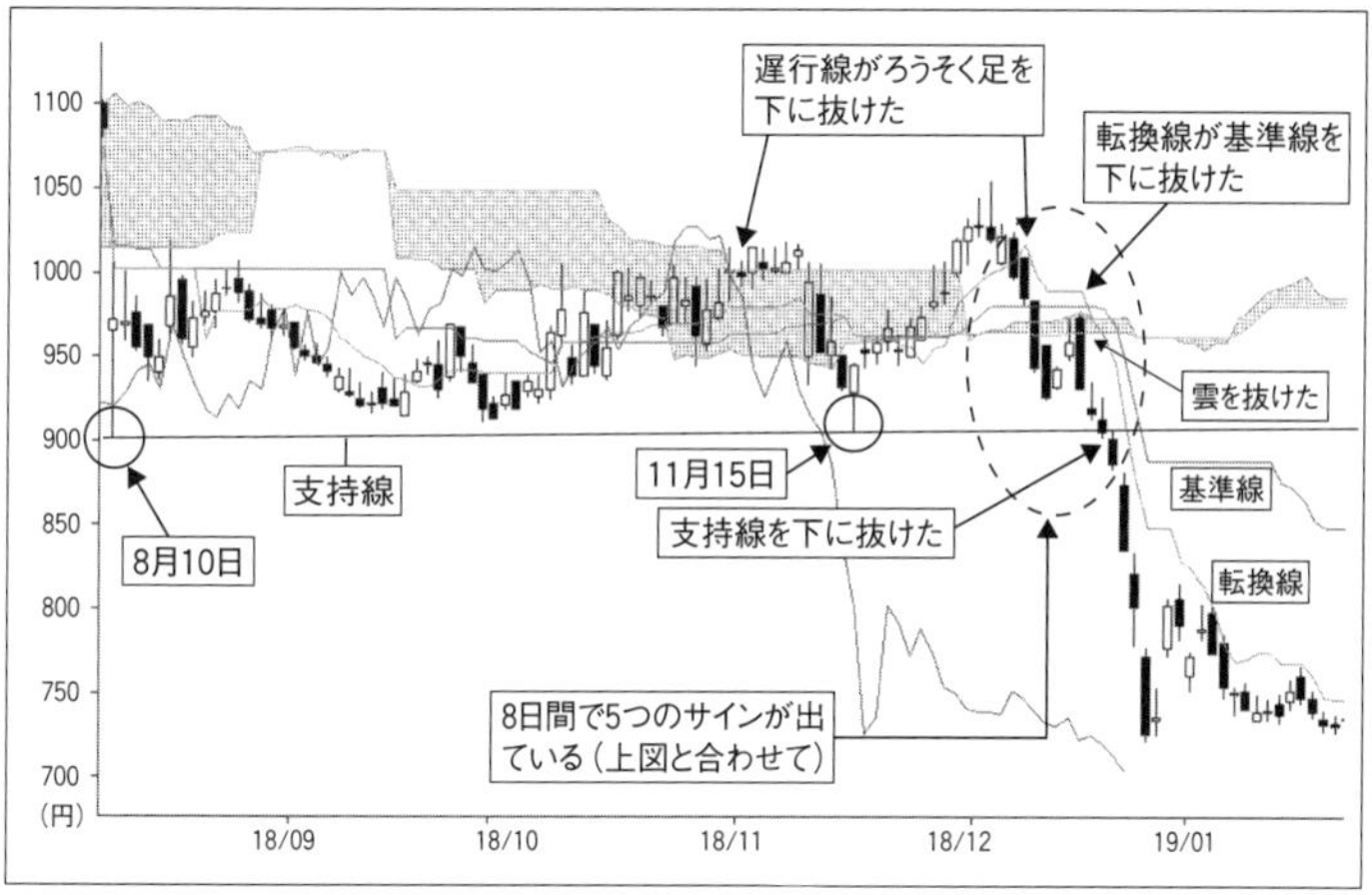

STRONGEST 7

最強パターン7

移動平均線×デッドクロス×一目雲下抜け

次ページ上図のチャートは、矢印の部分で、25日と75日の移動平均線がクロスを作っています。

25日線が75日線を下に抜ける形です。

第4章でも説明した通り、これは一般的に「デッドクロス」と呼ばれる「売り」のサインです（100ページ）。

このときの株価（ろうそく足）は、二つの移動平均線から下に大きく離れておらず、二つの移動平均線のすぐ下に位置していますので、信憑性はより高くなります。

これが25日と75日移動平均線のすぐ下に株価が位置しておらず、25日と75日移動平均線から下に大きく離れている場合は、たとえデッドクロスになっていたとしても、〝ダマシ〟の可能性もあるので、要注意となります。

【カラ売り最強パターン7-1】

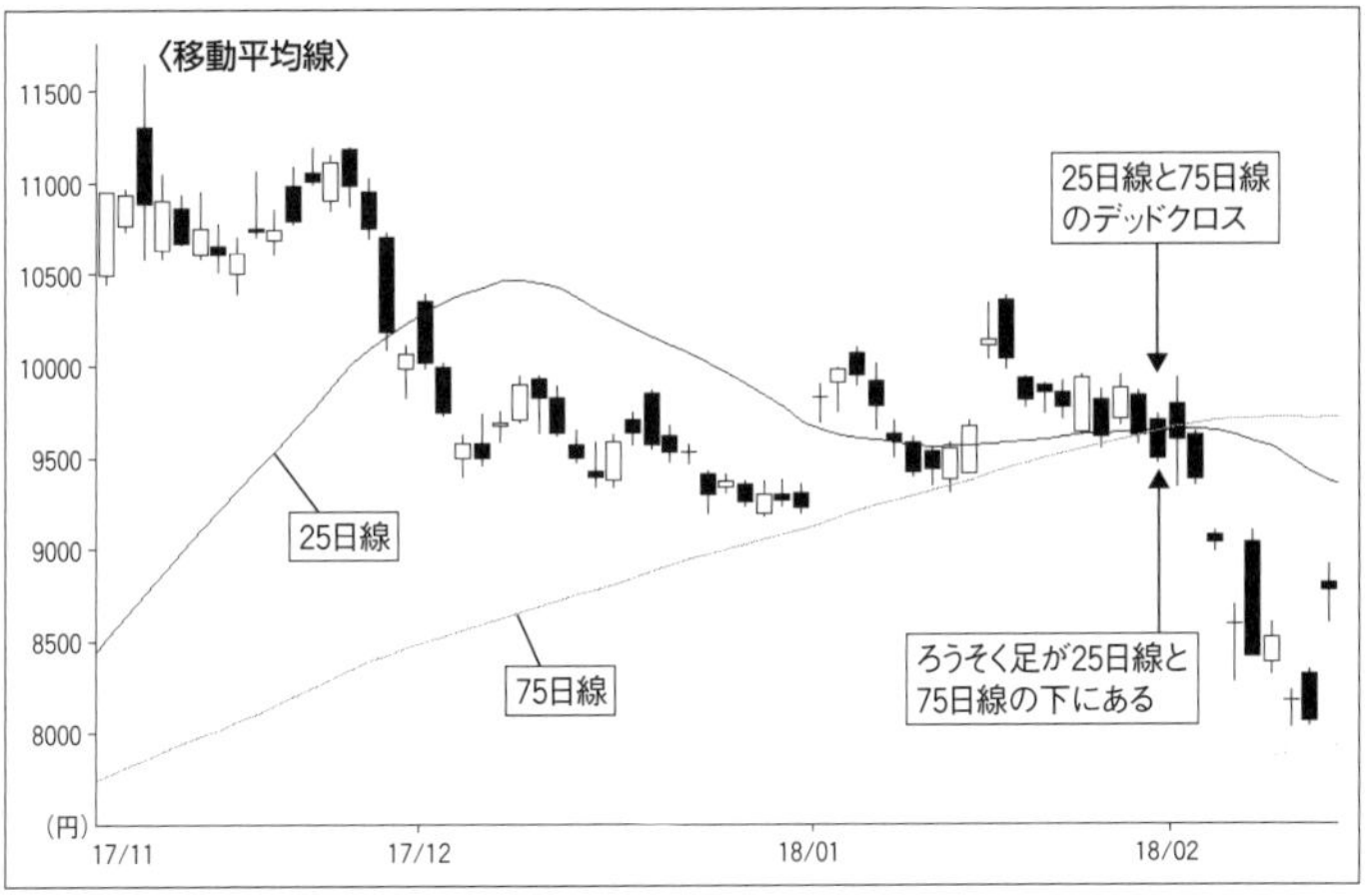

【カラ売り最強パターン7-2】

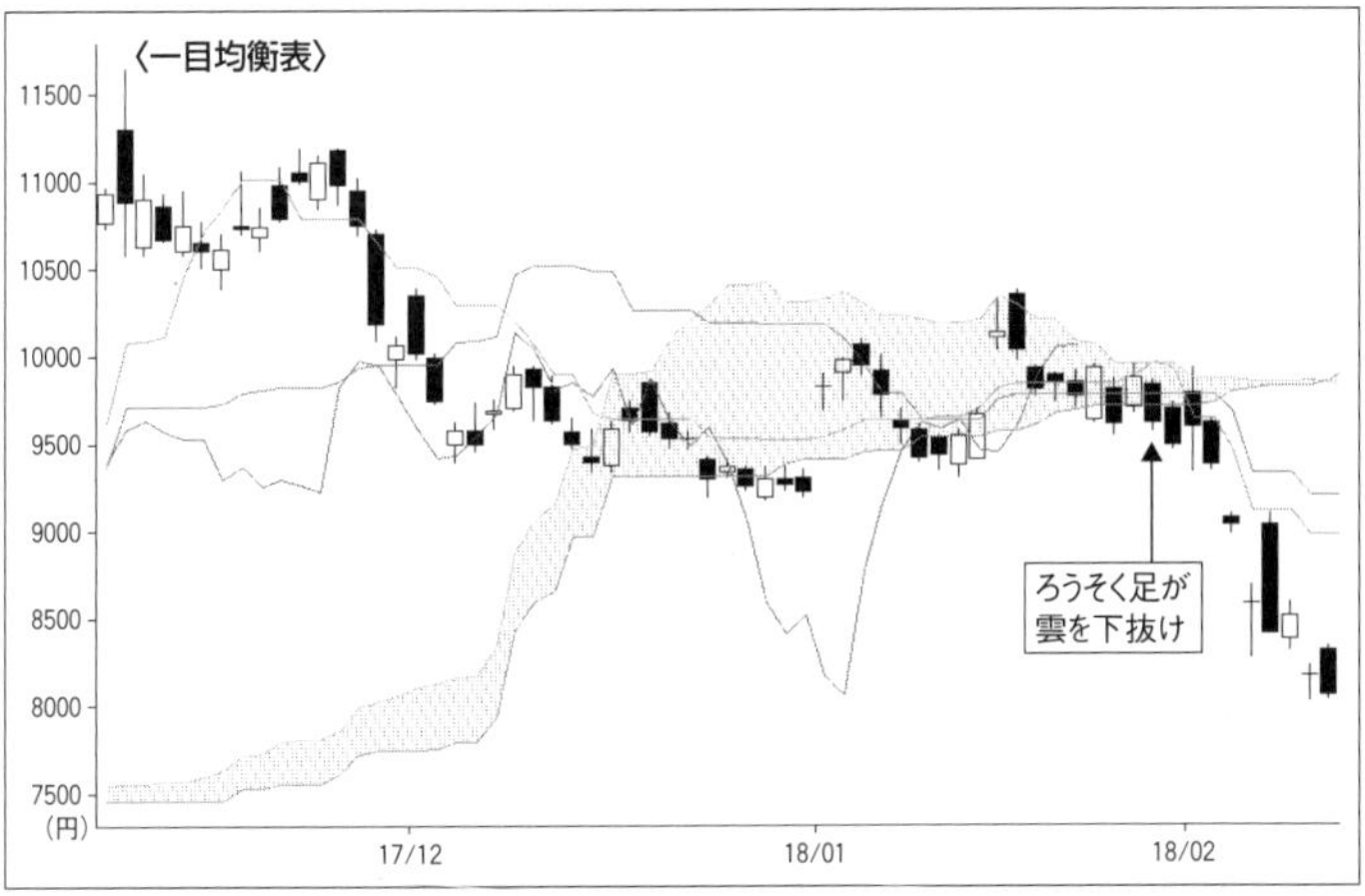

というのは、このタイミングですと、株価はすでに下がりきってしまっている場合が多く、上にある移動平均線に向かって戻ってくる可能性があるからです。

仕掛けるポイントは、あくまでも「株価が動いてきた瞬間」や「まだ動く伸びしろがあるとき」となります。

「もうすでに動いてしまったとき」ではありませんので、仕掛ける際にはくれぐれも注意してください。

ここで前ページ下図の一目均衡表を見ると、先のポイントより1日前のタイミングにはなりますが、ろうそく足が陰線となって雲を下に抜けています。

しかしここではまだ25日線と75日線はデッドクロスになっていないので、デッドクロスのタイミングを待ってカラ売りを仕掛けることになります。

この三つのサインが出たのは、たった2日の間でした。

このように、仕掛けの際に大切なのは、サインが数日間に集中することで、多くのサインが集中すれば集中するほど大きなトレンドが出る可能性が高まるのはもちろんのこと、急落も起こりやすく、短期間で大きな利益を得る可能性も高まってきます。

そして究極のサインは、ひんぱんには出現しませんが、「その日」一日にサインが集中する形ということになります。

AI時代だからこそ売って売って売られる？

インターネットで売買ができる今の株式市場とは異なり、昔の証券取引所にはいわゆる「場立《ばた》ち」と言われる人がいました。そして、その場立ちが投資家やトレーダーからの注文を受け証券取引所に注文をつないでいました。

それが、ネット取引ができるようになったことによって場立ちがなくなりましたし、証券会社に出向いて窓口で注文を出したり、証券会社に電話で注文をする必要もなくなりました。

また、システム売買やアルゴリズム売買といった機械的な売買もできるようになりましたし、2010年からは「東証アローヘッドシステム」によって高速売買が可能となっています。

この機械的な売買は、今はまだ一部の投資家やトレーダーに限られていますが、今後はもっと一般的なものになり、普通の個人投資家やトレーダーでもこのようなツールをどんどん使いこなす時代が来ると思われます。

そんな時代には何が起こるのか？

それは急騰急落です。今でもそれらしき状況が起こってはいますが、今後はもっとすごい急騰急落が起こるのではと思っています。

どういうことかと言いますと、人間の感情が介入しない機械的な自動売買なので、「こうなったら売り」という「ロスカット（損切り）」の設定などによって、株価が下がってきた場合に、多くの投資家やトレーダーが同じようなところで売りを出すようになります。

そうなるとその条件に達した瞬間に小口から大口まで大量の注文が一気に発動され、売りが売りを呼び、下げるとまた別のリスク回避の売りが発動され、売りが止まらなくなる可能性があります。

もちろん、それを見た機械を使っていない人間も売らざるを得なくなります。

また、昨今は信用取引をしている投資家やトレーダーが多くいますので、大きく損失を膨らますと、いわゆる「追証」が発生し、その追証を入れることができないと、強制決済となり、今売りたくないにもかかわらず売ることになります。この強制決済の売りも加わってきます。

というわけで、今後はかつてなかったほどの大暴落や急落が起こっても不思議ではないと思っています。

第6章

日経平均でカラ売りをしてみる

1 日経平均株価をカラ売りしよう!

■日経平均も売ることができる

前章までは、個別の銘柄のカラ売りについてお話ししてきましたが、株式市場全体が下がるのであれば、株式市場そのものを売ることもできます。

「日経平均株価」を売るのです。

日経平均株価とは、日本の株式市場を表す指標の一つです。単に「日経平均」や「日経225」と呼ばれることもあります。日本の株式市場の指標としては東証株価指数（ＴＯＰＩＸ）と並んで普及しています。

日経平均株価は、東京証券取引所第一部に上場する約２１００銘柄の中から選出された２２５の銘柄から算出されるものです。

■市場全体が下がるときに売る

その日経平均株価が下がるときを狙って売るのです。要は、市場全体が下がるときに売

【日経平均株価（2007～2009年、週足）】

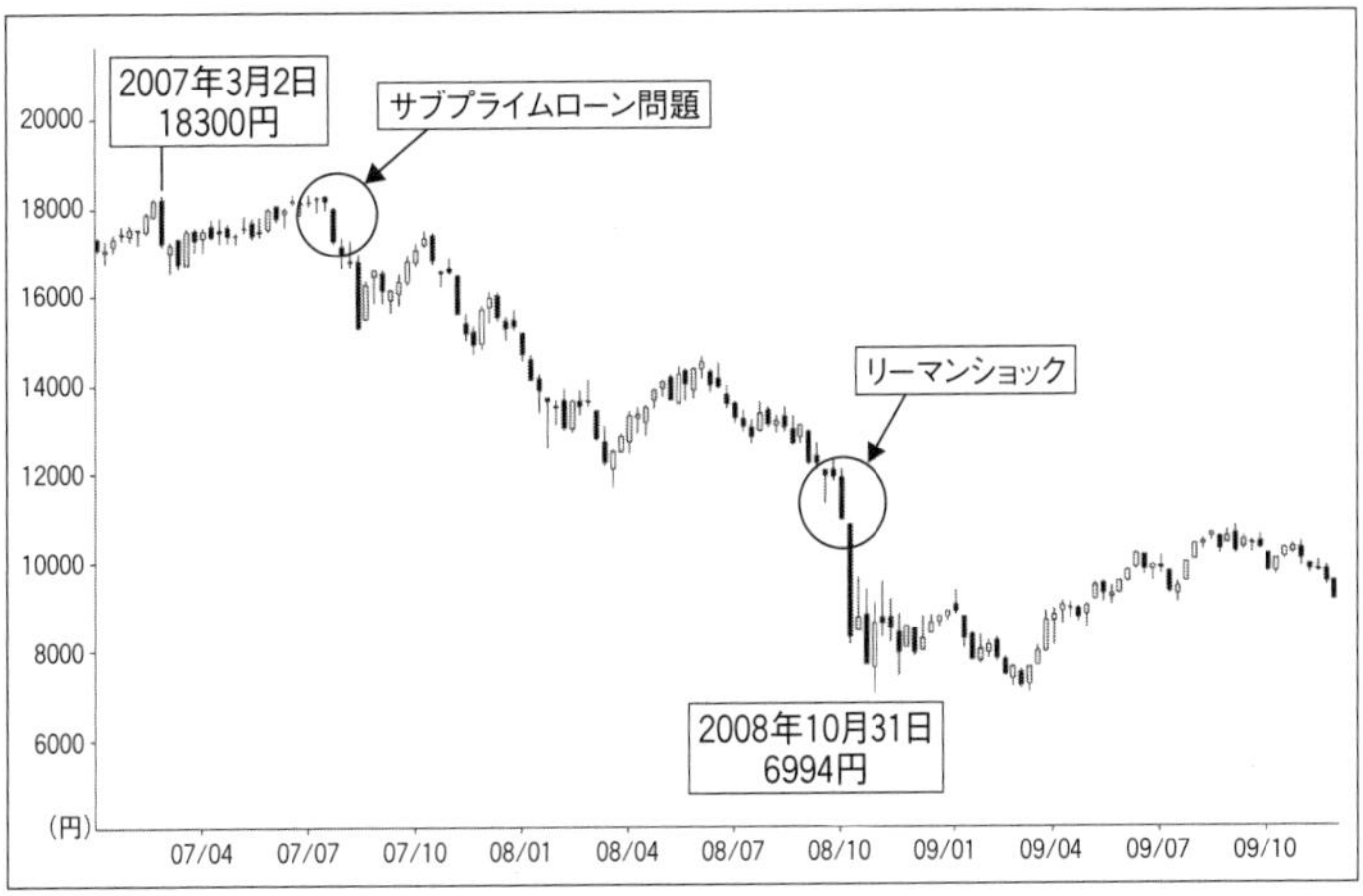

るということです。

どういうことかと言いますと、例えば「2007年のサブプライムローン問題～リーマン・ショックのあった2008年の下げ」など のような急落局面のとき、日経平均は1万8000円台から一気に半分以下の7000円台を割り込むまでになりました（上図）。

期間は2年もかかっていません。「すさまじい」としか言いようがありません。

これほど一気に動く値幅は「買い」ではなかなか達成できないパフォーマンスです。

というのは、上げるよりも下げるほうが一般的には大きく動くことが多いからです。

そして、その下げが2017～2019年を天井にして、その後に来る（長期の相場サイクルである10～12年周期）、と考えているのです。この話は第1章でもしました。

では、具体的にはどうすればいいのでしょうか？

日経平均を売買する方法はいくつかありますが、私の場合は「日経平均先物取引」（日経225先物取引）を行っています。

2 日経平均先物で「売り」をしよう！

■日経平均を買ったり売ったりできる

日経平均先物取引とは何なのでしょうか？

日経平均先物取引の仕組みについては、詳しく話すといろいろ制約等あるのですが、簡単に言うと「日経平均株価自体を売買する取引」と考えていいと思います。

例えば、現在の日経平均が2万1000円だったとします。

【先物取引の簡単な仕組み】

- 「買い」と「売り」がある
- 証拠金という保証金が必要
- 取引できる期限がある

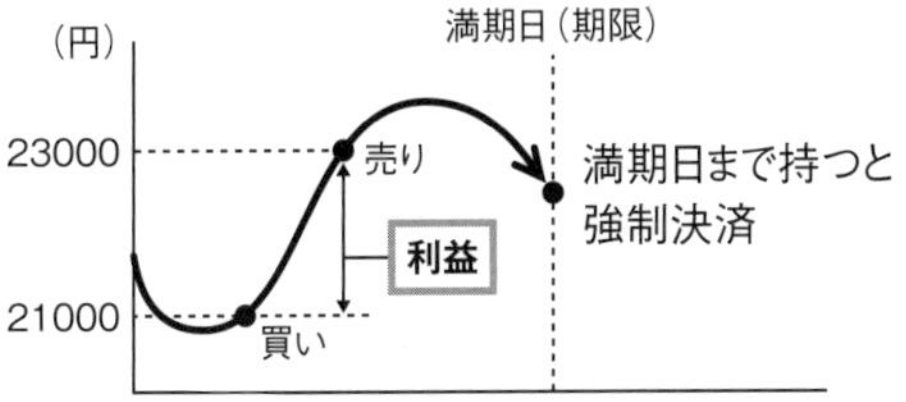

　このときに日経平均株価自体を買い、その後日経平均が上昇して２万３０００円になったとします。

　そのときに買っていた日経平均を売ると、２万３０００円と２万１０００円との差額である２０００円が利益になります。

　ただそれだけです。

　日経平均が上がりそうなときに買って、上がれば売るだけです。

　特にややこしいことはありません。

　また、この売買は買いだけではなく、信用取引同様に「売り」からも仕掛けることができます。

　例えば日経平均が２万２０００円のときに「下がる」と判断すれば、売りで仕掛けます。

　その後、日経平均が２万円になったとしま

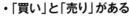

す。そこで買い戻すと2万2000円と2万円との差である2000円が利益となります。というように、日経平均自体の動きを予測し、売買します。

上がると思えば買い、下がると思えば売り（信用取引で言うところのカラ売り）ができます。

■売買単位は平均株価の1000倍!?

では、日経平均先物はどのくらい稼げるのでしょうか？

実は、日経平均株価の1000倍が最低取引単位（1枚）になっているため、日経平均が10円動けば1万円（10円×1000倍）の損益になります。100円動けば10万円の損益になるのです。

先の例で言うと、2000円動いていますから200万円の損益となります。

このときの売買単位ですが、個別株の場合は「1000株、100株」というように「株」と呼びましたが、日経平均先物の場合は「1枚、10枚」のように「枚《まい》」と呼びます。

3 取引するのに必要な金額は？

■証拠金が80万〜100万円必要

日経平均先物をトレードするために、資金はいくら必要なのでしょうか？

日経平均先物は、個別株で言うところの信用取引と仕組みがよく似ていますので、信用取引をイメージしてもらうとわかりやすいと思います。

まず、日経平均先物を取引する際には、証拠金が必要となります。

この証拠金とは、信用取引で言うところの委託保証金です。

証拠金は常に一定ではなく、そのときの相場環境によって変動するのですが、例えば、2019年10月7日現在であれば、ライブスター証券の場合ですと、1枚あたり82万8000円となっています。

先物取引口座に100万円ほど入れておけば、日経平均先物を1枚売買することができることになります。

2枚売買したい場合は、もちろん、証拠金はこの倍額必要になります。

4 日経平均先物の決済日は年4回

■3月、6月、9月、12月に期限がある

では、この日経平均先物取引ですが、仕掛けてから（買ったり売ったりしてから）ずっと保持することはできるのでしょうか？

ずっと保持することはできません。日経平均先物取引には、個別株の信用取引と同様に期限があります。

ただ、その期限は、信用取引のように「仕掛けてから6カ月」というようなものではなく、あらかじめ年4回と決まっています。それを限月《げんげつ》と呼びます。

限月は3月、6月、9月、12月となっており、それぞれの第二金曜日が満期になり、その満期のことを「SQ（エスキュー）算出日」と呼んでいます。

この日の前日までに、買ったものは売る、売ったものは買い戻し、と反対売買しなければなりません。

そうしないと、翌日の「SQ算出日」に強制決済されてしまいます。

■直近の限月のものを取引する

例えば、２０１９年11月７日に売りを仕掛けたとします。

限月については細かい取り決めがいろいろありますが、基本的には売買が活発に行われている直近の限月のものを取引します。

11月に仕掛けた場合、通常は２０１９年12月の第二金曜日の前日の木曜日までに買い戻さなければならないことになります。２０２０年１月に仕掛けたとすると、３月の第二金曜日の前日の木曜日までに買い戻さなければなりません。

これはその日までに反対売買しなければならないということなので、もちろん仕掛けてからすぐに仕切ってもかまいません。

5 日経225ミニという小型版もある

■10分の1の小型版

先ほど、日経平均先物の売買損益のところで、10円動けば１万円の損益と言いましたが、日経平均株価は、毎日100円程度上下するのは当たり前です。

すると、保持し続ければ日々10万円単位の損益が動くことになります。

資金が豊富にあり、大きな取引に慣れている人ならいいですが、資金が少なく大きな取引に慣れていない人にとっては、かなり大きな金額になり、日々気が気でならなくなります。

そんな人のために、日経平均先物取引の小さい版があります。

「日経225ミニ」です。

これは、通常の日経平均先物の10分の1の金額で取引するものです。ですので、証拠金も10分の1の額でOKです。

口座に10万円程度入れておけば、日経225ミニを1枚仕掛けることができます。

損益で言うと、日経平均株価が10円動けば1000円、100円動いても1万円となり、損益が大きくなりすぎないので、通常の個別銘柄と同じ感覚で売買することができます。

日経225ミニも、通常の日経平均先物取引と同様に、いつまでも持ち続けられるわけではなく、限月があります。

ちなみに、通常の日経平均先物のことを「ラージ」と呼んで、「ミニ」と区別しています。

【日経平均先物と日経225ミニ】

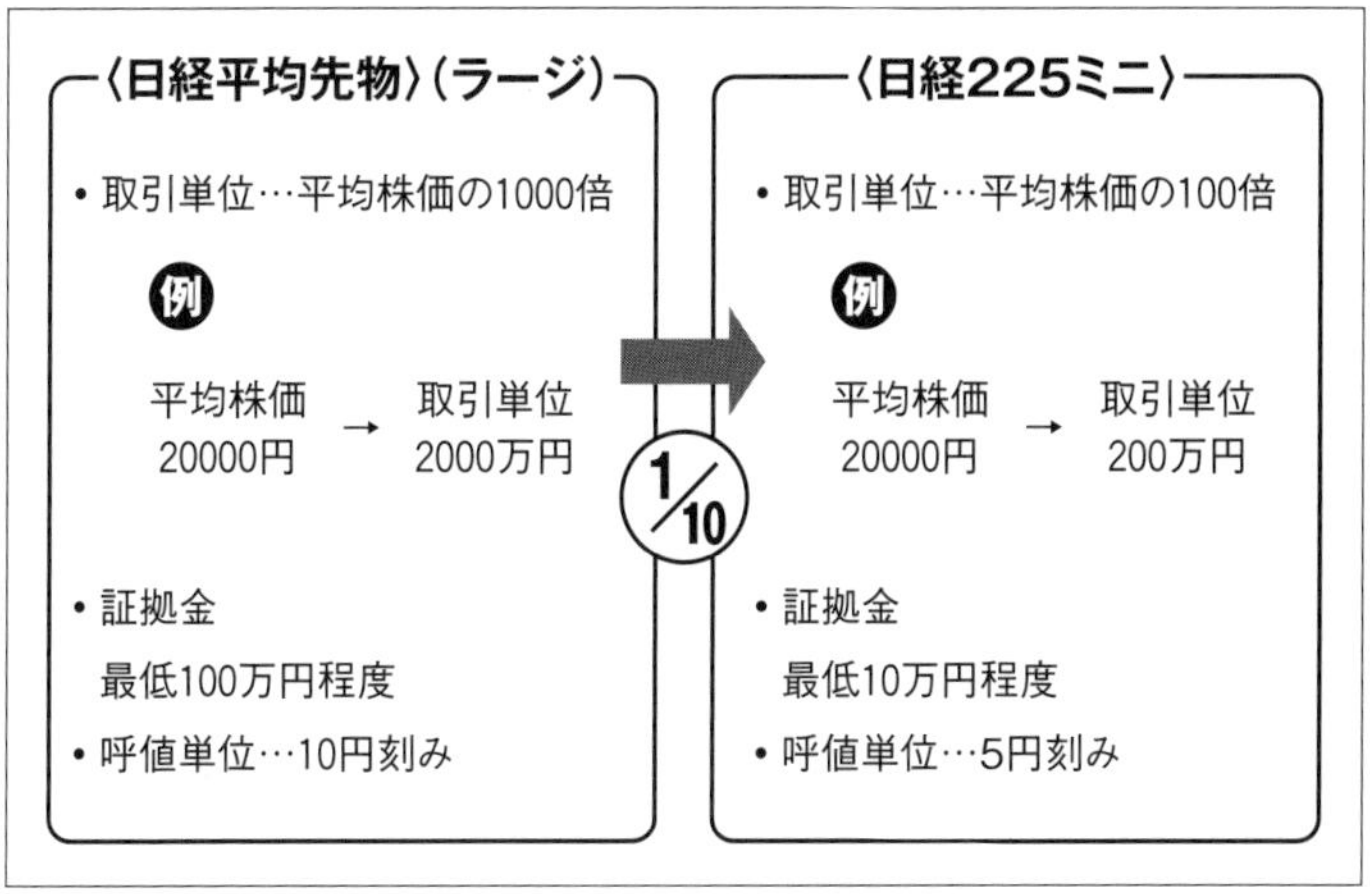

■売買の単位が５円

では、ミニとラージの違いは、どこにあるのでしょうか？

先に書いたように、取引の単位が10分の１であることと、呼値《よびね》の単位が異なります。

呼値の単位とは、売買価格の刻みです。

ラージは10円刻みで動きますが、ミニは５円刻みで動きます。

例えば、ラージであれば、２００００円、２００１０円、２００２０円と動きますが、ミニですと、２００００円、２０００５円、２００１０円……と、細かく動くことになります。

ミニを１枚仕掛け、５円の利益が乗ったところで利益確定すれば、５００円のプラスになります。

多くの資金が必要でリスクの高そうな日経平均先物ですが、日経225ミニを使えば、日経平均の売買は少額の資金でも十分可能なのです。

■まずは日経225ミニで日経平均を売ってみよう

ここまで日経平均先物のラージとミニについて解説してきました。

その日経平均先物ですが、すでにお話ししたように、いきなりラージでやると、大きく勝てることもありますが大きく負けることもあり、リスクが高まります。

ですので、まずは取り組みやすいミニから始めてみてはどうでしょうか。

トレード資金の少ない方にもお勧めです。

10万円程度あれば、1枚は仕掛けられますので、例えば平均株価20000円のときに売りを仕掛け、19900円で仕切れば、100円のプラスとなり、10000円（100円×100倍）稼げることになります。

日経平均で100円というのは一日あれば十分に動く値幅です。10万円を元手に一日で10000円稼ぐことができるわけです。資金効率もいいですね。

ただし、予想が逆に動いて損失が大きくなると、強制決済されます。このあたりも信用取引と似ています。

6 高確率！ 25日線と75日線割れで仕掛ける

■25日と75日の移動平均線で売買

では、実際に日経平均先物を売買してみましょう。

私が個別銘柄をトレードするときに使うチャートには、常に移動平均線の25日線と75日線を表示させています。理由としては、売買の際にそれらを必ず見るからです。売買の際にそれらを必ず見るからです。

そして、これは個別銘柄の場合に限らず、日経平均先物を売買するときも同じです。

また、日経平均株価との相性もいいからです。

過去の日経平均をご覧ください（次ページ図）。

うまく機能しているのがわかります。

25日線の上、もしくは75日線の上で買ったら上がる。

25日線の下、もしくは75日線の下で売ったら下がる。

もちろん、仕掛けたあと、長期的にトレンドが出るときと、短期間で終わるときがありますが、25日線と75日線を意識し、反応しているのがわかると思います。

【日経平均を25日線と75日線で売買する（2017年9月～2018年9月）】

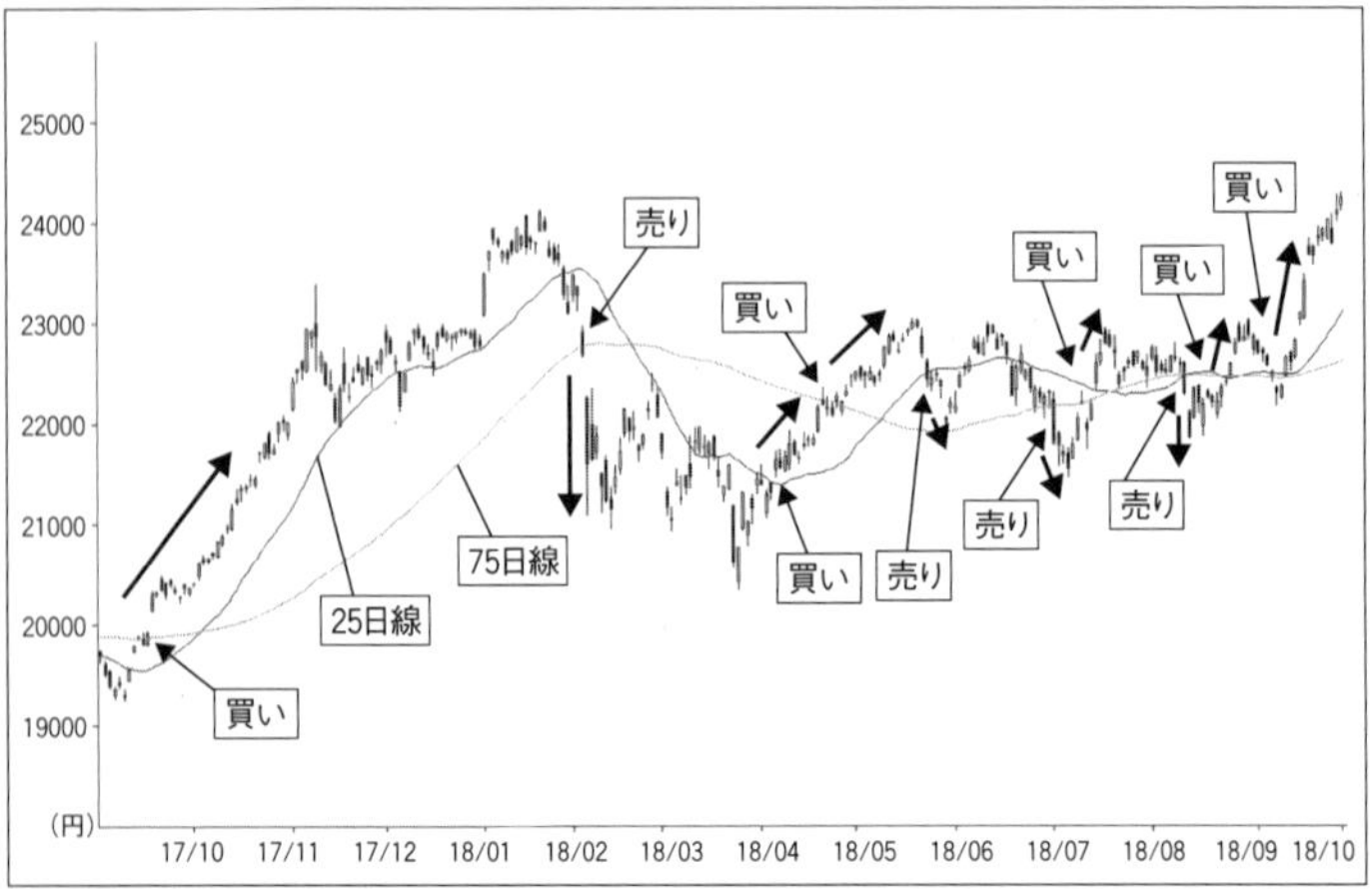

ということは、今後も同じような動きをする可能性は大です。

このように、日経平均先物も個別銘柄と同じように売買することができるのです。

ただ、日経平均先物を売買する場合、通常の個別銘柄で言うところの一銘柄だけを売買していることになるため、「買いサインや売りサインが頻繁に出ない」ことになります。

では、どうすればいいのでしょうか？

これには待つしかありません。

日経平均先物を売買し、勝つためには、個別株同様に「仕掛けポイントが数多くそろった形」になるまで待たなければなりません。

「いい形のチャートになったら仕掛ける」

「そうならないなら見送る」

という姿勢を貫くようにしてください。

7 高値・安値から6カ月経過前後が急所！

■全体相場のサイクルを利用する

全体相場は上がって下がってと、1年～1年半というサイクルがあります。

過去の実際の日経平均株価を見てください。

おおむね、そうなっていることがわかります（165ページ下図）。


これは日経平均の月足《つきあし》チャートです。

一つのろうそく足が、1カ月間の値動きを表しています。

ほぼ1年～1・5年（12～18カ月）の間で、上げ下げを繰り返しているのがわかるでしょうか？

ということは、どういうことが言えるのでしょうか？

乱暴な言い方をすれば、安値をつけてから半年程度株価が上がってきたら…。目をつむって「売り」。

逆に、高値をつけてから半年程度下げてきたら…。目をつむって「買い」、となります。

■6カ月が区切りとなる動きをしやすい

どうでしょうか?

これすごいでしょう!

この「半年」というのにはいろいろ理由があると思いますが、個別銘柄の信用取引の6カ月決済、配当や優待の権利確定日、四半期ごとの決算発表、などなど6カ月というのが、いろいろな区切りになるのだと思います。

個別銘柄の集合体が日経平均株価なので、それにともなった動きをすることになります。ですので、これは日経平均だけに言えることではなく、個別銘柄についても言えます。

ここでは個別銘柄のチャートは取り上げませんが、ぜひあなたも狙っている銘柄のチャートを表示させ、月足での周期を確認してみてください。

【平均株価のサイクル】

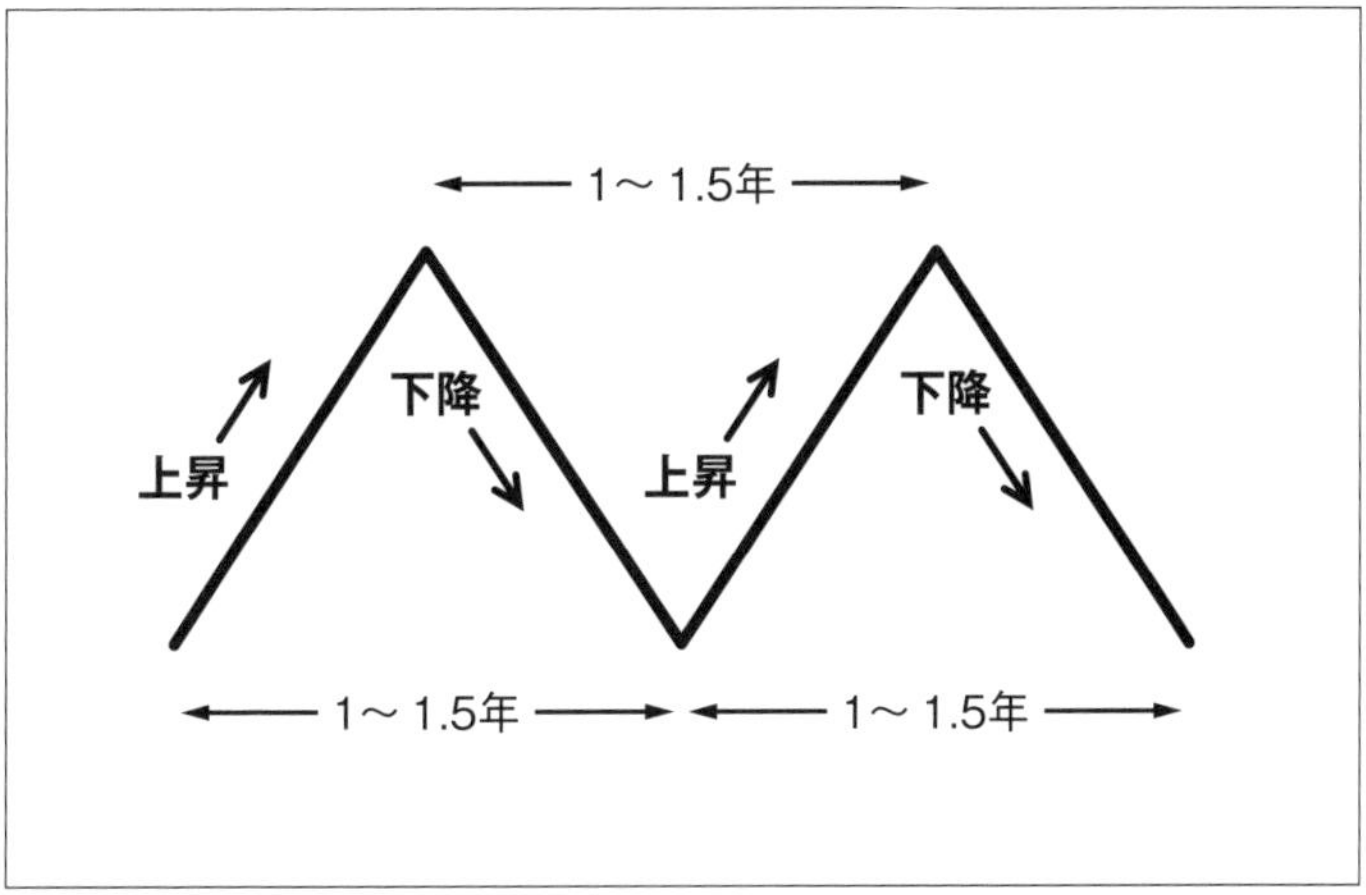

【過去の日経平均株価（2009年1月〜2019年10月、月足）】

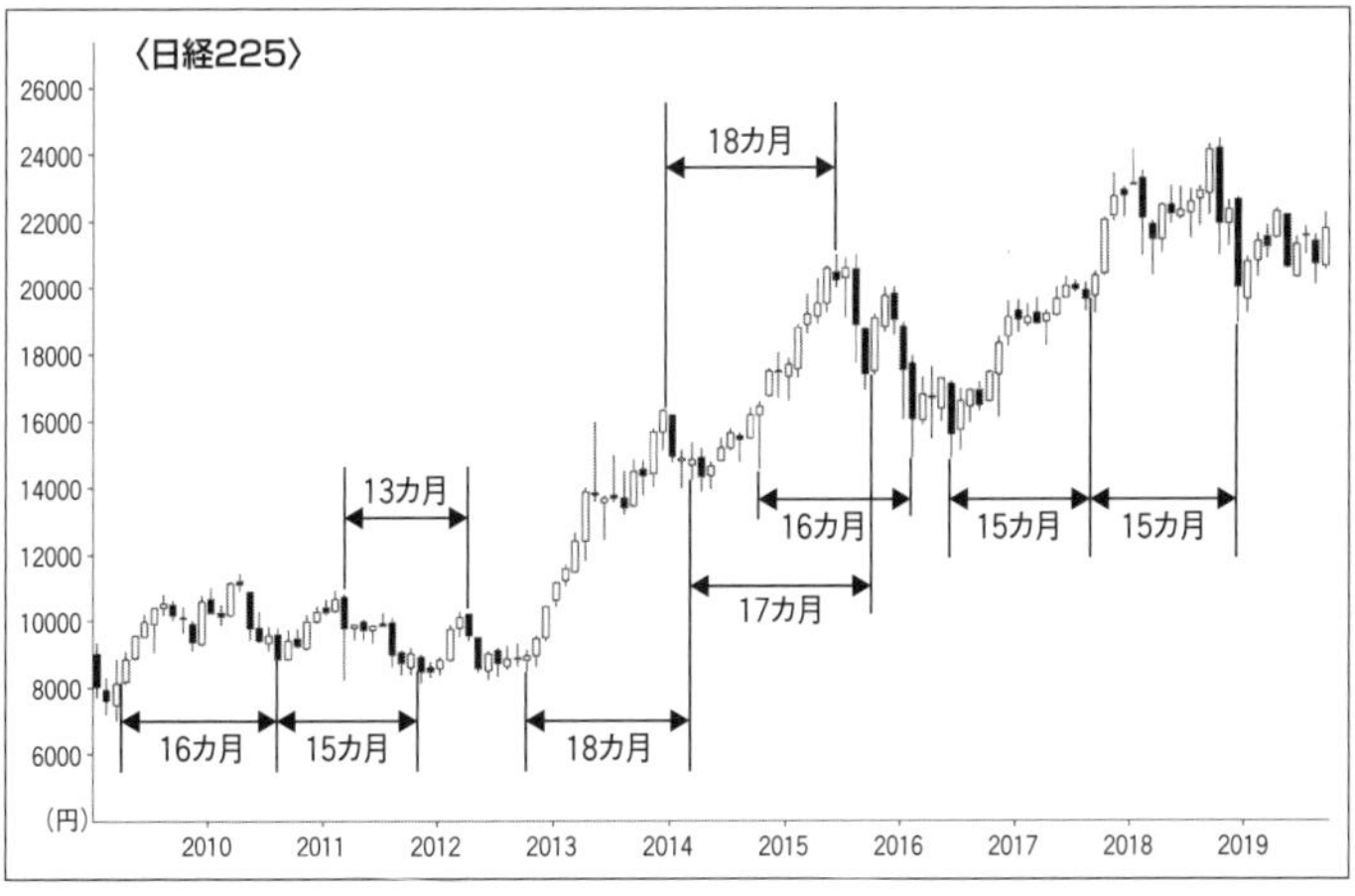

8 日経平均先物は頻繁に取引してはいけない

■利幅が大きくスリル満点の取引

日経平均先物取引の仕組みがわかったので、「さあ、いよいよ日経平均先物を始めよう！」と思い、実際に日経平均先物をやるとなると、どういう状況になると思いますか？

私も初心者のころそうだったのですが、これ、非常におもしろいです。

レバレッジが効いていることもあり、利益が出ても損をしても、とにかくスリルがあり興奮します。

おもしろいのです。

そして、そうこうしているうちにギャンブル的になります。

そうなると、少々よくないチャートであったり、難しい局面であっても、「自分は勝てる。大丈夫」という思い込みで買ったり売ったりを繰り返してしまいます。

■銘柄選びがなく何回でも取引できてしまうワナ

建玉可能額の範囲内であれば一日に何回でも売買できてしまいますので、キリがないのです。

また、個別株のように「銘柄選び」が必要ないので、いつでも参加できる状態になっています。

トレードがやりたくてやりたくて仕方がなくなるのです。

それで、うまくいけばいいのですが、いいチャートではないときや難しい局面でも頻繁に売買してしまうので、やればやるほど負けていくのです。

こうならないためにも、注意点としては、頻繁に取引はせず、個別銘柄のときと同様に、「こうなったら買う」「こうなったら売る」というルールを作り、「そのような形になったら仕掛ける。逆にそのような形にならなかったら仕掛けない」ということを徹底しなければなりません。

そうすれば、日経平均先物で利益を上げられると思います。

日経平均先物は、「ここぞ！」というときにしかやってはいけないのです。

9 日経225ミニで「売り」にトライ！

■株価チャートだけを使って売買

では、日経225ミニを使って、実際に売りにトライしてみましょう。

日経225ミニといっても特別な考え方は必要なく、考え方はすごくシンプルで、日経平均が下がると思ったときに売ればいいだけです。

その判断の道具としては、いわゆる景気動向や政治経済、個々の銘柄の業績を気にすることなく「株価チャート」だけを使って判断していきます。

では、どのようなポイントで売買するのでしょうか。

- ろうそく足が移動平均線の25日線を下に抜けたら売り、75日線を下に抜けたら売り
- 安値から6カ月程度上がったところで売り

この二つの条件が重なったら売ります。

【日経平均株価の売りポイント（三段上げ、トレンド転換、基準線を転換線が下抜ける）】

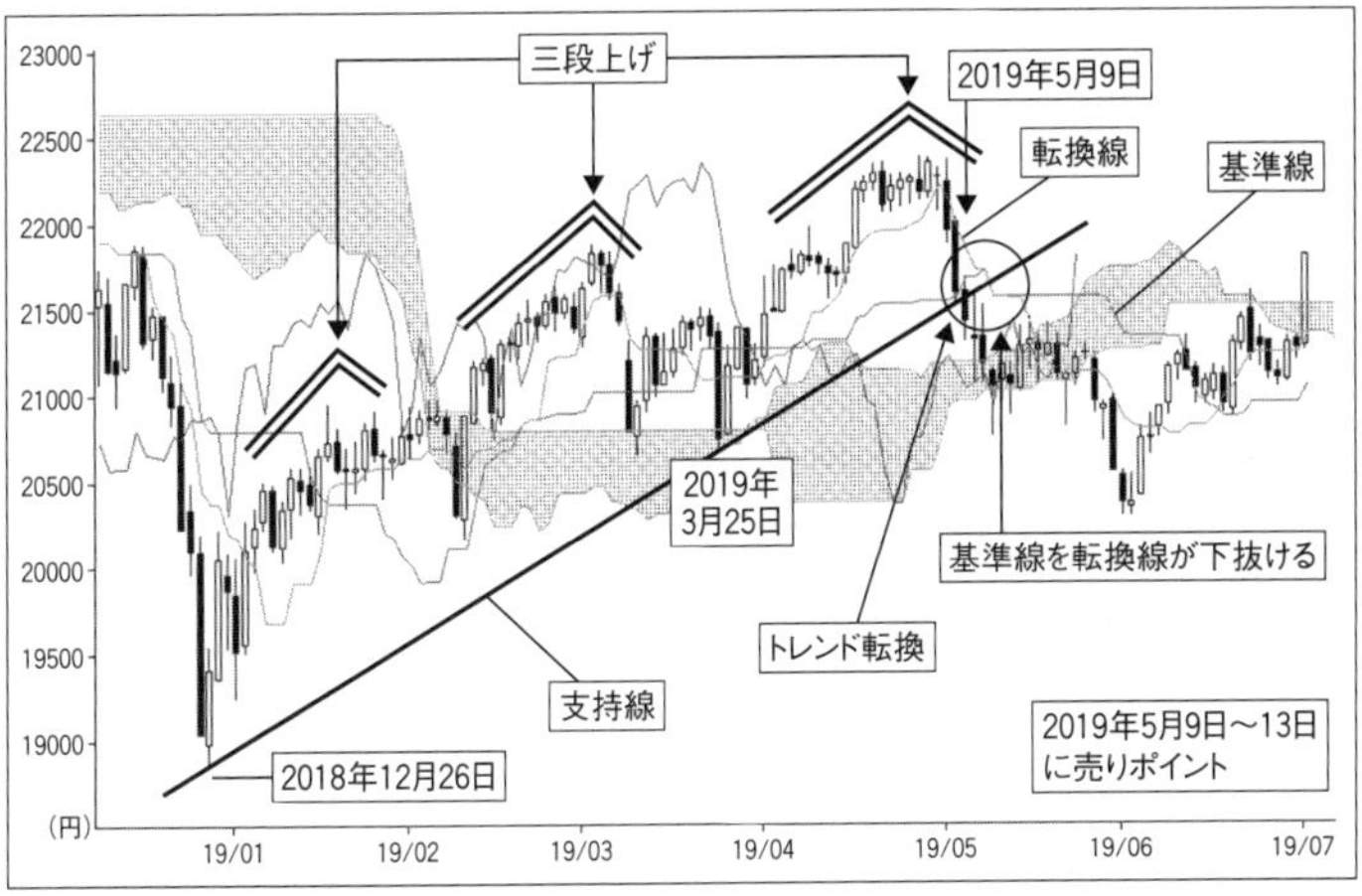

また、日経平均と個別銘柄はまったく異なる動きをするのではなく、基本的には同じ動きをします。

ですので、第4章で学んだ「10のポイント」の中の各要素でも動いてきます。

上図を、見てください。この場合、売りの要素が三つ入っていますので仕掛けるポイントとなります。

・三段上げ、トレンド転換、基準線を転換線が下抜ける、（2019年5月9日～13日）

2018年12月26日の安値から三段上げたあと、12月26日安値と2019年3月25日安値とを結ぶトレンドラインを5月9日に下回りました。

【日経平均株価の売りポイント（三段上げ、雲下抜け、遅行線ろうそく足下抜け）】

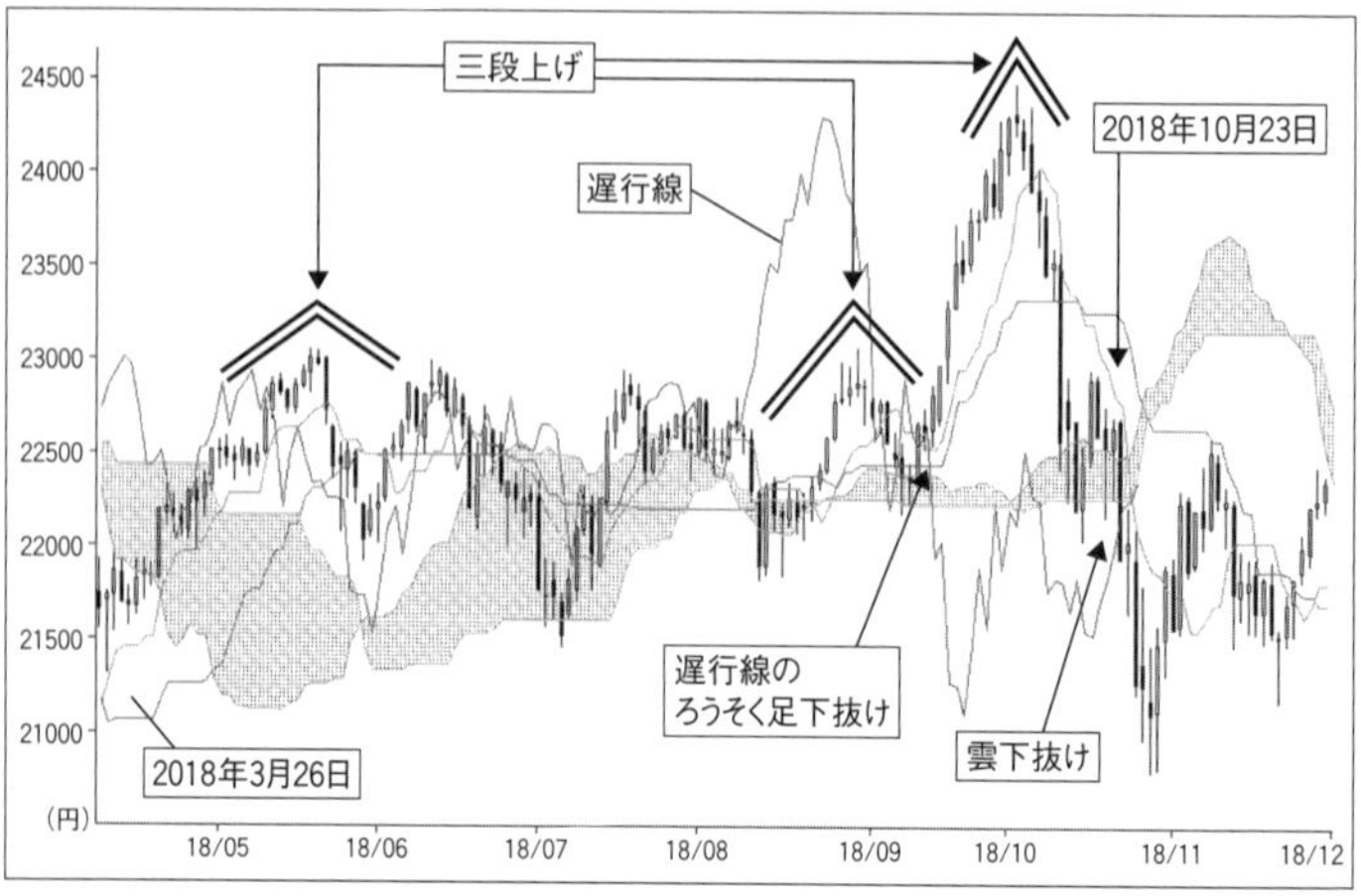

その2日後に、基準線を転換線が下抜けたことにより、三つのポイントが出てきたことになります。

・三段上げ、雲下抜け、遅行線ろうそく足下抜け（2018年10月23日）

2018年3月26日安値から三段上げのあと、10月23日に雲を下に抜け、と同時に遅行線がろうそく足を下抜けています（遅行線は10月23日からさかのぼって26日前にありますので、遅行線が矢印の位置にあるときは10月23日となります）。

これもポイントが三つそろっていますので、仕掛けることとなります。

どうでしょうか？

ここでは二つの例を見てもらいましたが、日経平均株価でも、チャートを見て「売りから仕掛ける」ことができることがおわかりになったでしょうか。

ところで、ここまでお話ししてきた日経平均株価自体を仕掛けるポイントは、何も日経平均先物で利益を上げるためだけのものではありません。

個別銘柄で利益を上げるためのポイントでもあるのです。

日経平均株価が「売り」のチャートとなり、日経平均先物を売りたいな、と思うようなときは当然、日経平均株価が崩れやすいわけですから個々の銘柄も弱くなる可能性が高まります。

要は、「相場全体が今から下がろうとしている」流れの中で、「個々の銘柄も下がろうとしている」ので、全体の流れも個別の流れも同じ方向となるのです。第1章で「個別の銘柄は全体相場に流される」とお話ししました（24ページ）。

このように、個々の銘柄のチャートだけではなく、全体相場（日経平均）のチャートも味方につけると、なおいっそうパフォーマンスがよくなる可能性が高まります。

買いは積み重ね、売りは崩れ落ちる

幼いころ、積み木をやったことがあるでしょうか？

積み木を積んでいくときは一つひとつていねいに積み重ねていきますが、崩れるときはナイヤガラの滝のごとく一気に崩壊していきます。

株式市場はこれとよく似ています。

株価の値動きの特徴として、上がるときは積み重ねて上がっていくことが多いのですが、下がるときには早く下がりがちです。

なぜ、こうなるのでしょうか。

これには相場参加者の人間心理が働いています。相場が上がるときは欲望で上がっていくのに対し、下がるときは恐怖で下がることが多いからです。

これから上昇し、乗り遅れたら儲けそこなうという「欲」の感情より、保有している株が下がってきて利益が減ってしまう、もしくは大損してしまう、という「恐怖」の感情のほうが強いということです。欲よりパニックのほうが強いのです。

なので通常、株価は上げより下げのほうが急激なことが多いのです。

第7章

撤退のタイミングで勝負は決まる！

1 利益確定のための目標を決める

■仕切りは決めておいた目標で

ここまでは、「どこで空売りを仕掛けるのか？」という仕掛けるポイントを学んできました。

では、その仕掛けた売玉（カラ売りで保持している銘柄）を、どこで仕切ればいいのでしょうか？

この先は「仕切り」ついてお話をしていきたいと思います。

まずは目標です。

仕掛けた売玉がどこまで下がっていくのか？　どこまで下がってほしいのか？　を決める作業です。

せっかく仕掛けたのですから、大きく利益を取りたいと思います。

でも、毎回毎回大きく下がるわけではなく、小幅下げて反発したり、そもそも下がらなかったりすることもあります。

それらを踏まえてどうするのか、ですが、まずはうまくいった場合に「どこまで下がるのか？」を考えていきましょう。

■目標1　キリのいい数字を目標にする

私が普段使っている利益目標の指標はいくつかあるのですが、わかりやすいものの中から、まずは一つ紹介したいと思います。

それは、「キリのいい数字」です。

例えば、次ページの図を見てください。

25日、75日線を下に抜けた陰線が、ボリンジャーバンドの＋2σと－2σの幅が狭いところを下に抜けて下がっているのがわかります。

その後、株価は2700円というキリのいい数字を意識して止まっています。

このように1000円とか2500円とか0の多くつくキリのいい数字のところを意識して株価は止まったりします。

[キリのいい数字を一つの目標に]

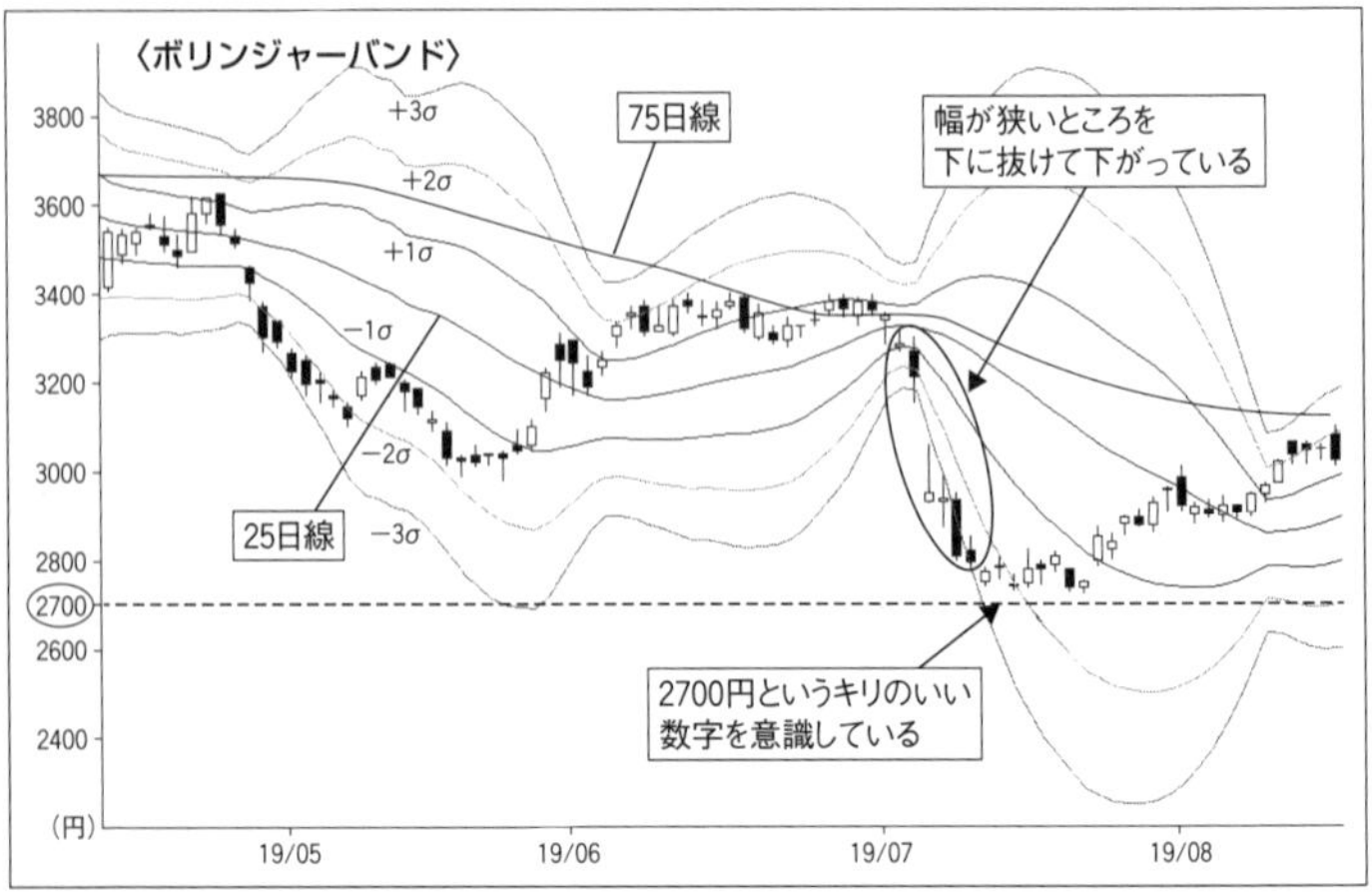

そこを一つの目標とするのです。

次ページのチャートは1500円というキリのいい数字で止まっていますね。

というように、キリのいい数字は心理的な節目になることが多いのです。

■目標2　直近の安値を目標にする

では、他にはどんなものがあるでしょうか？

直近の安値というのもあります。

株価は一直線に上がったり下がったりするものではなく、多くの場合、日々ジグザグしながら上がったり下がったりしています。

そのジグザグの山や谷が目標として意識されることがあります。

【1500円で下げ止まっている】

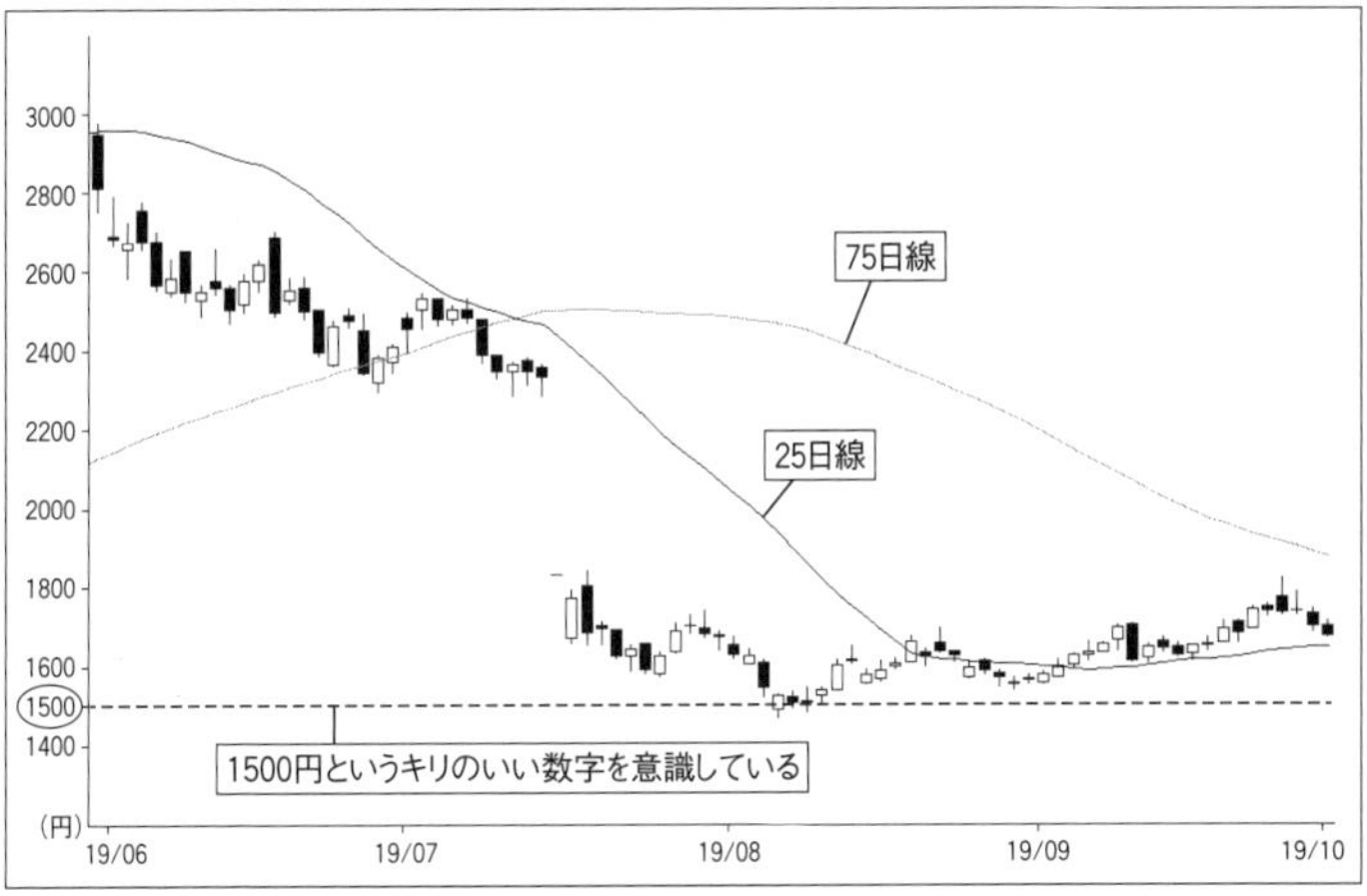

次ページの上図を見てください。

25日線と75日線の下あたりで仕掛けたカラ売りの場合ですが、直近の安値（谷）のところを意識して止まっています。

このように株価のジグザグの谷で止まることも多いので、このあたりも目標の一つになります。次ページ下図も直近の安値で止まっているのがわかります。

というように、株価のジグザグの折り返し地点も目標として意識されやすいのです。

【直近の安値(谷)も一つの目標に】

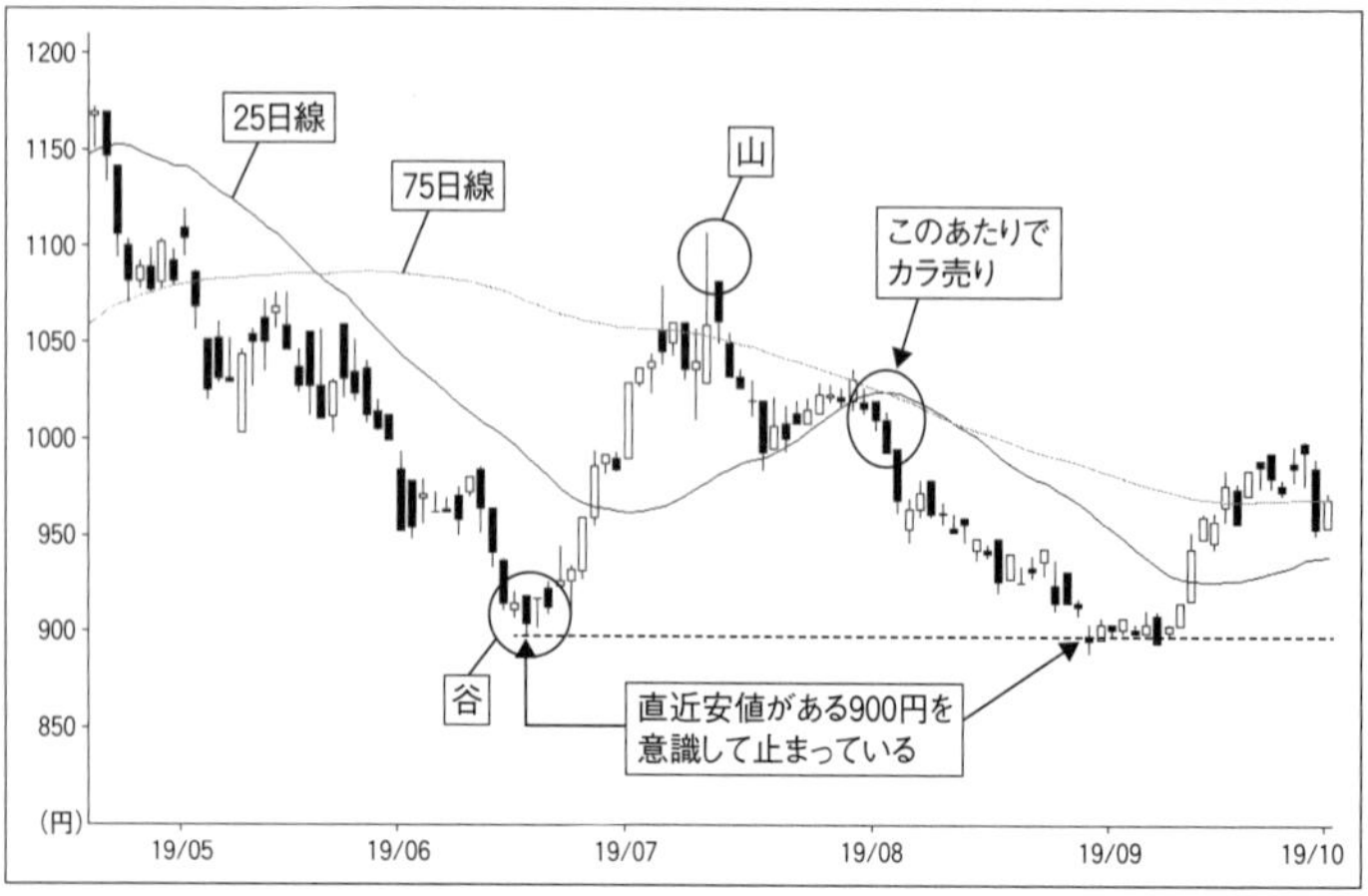

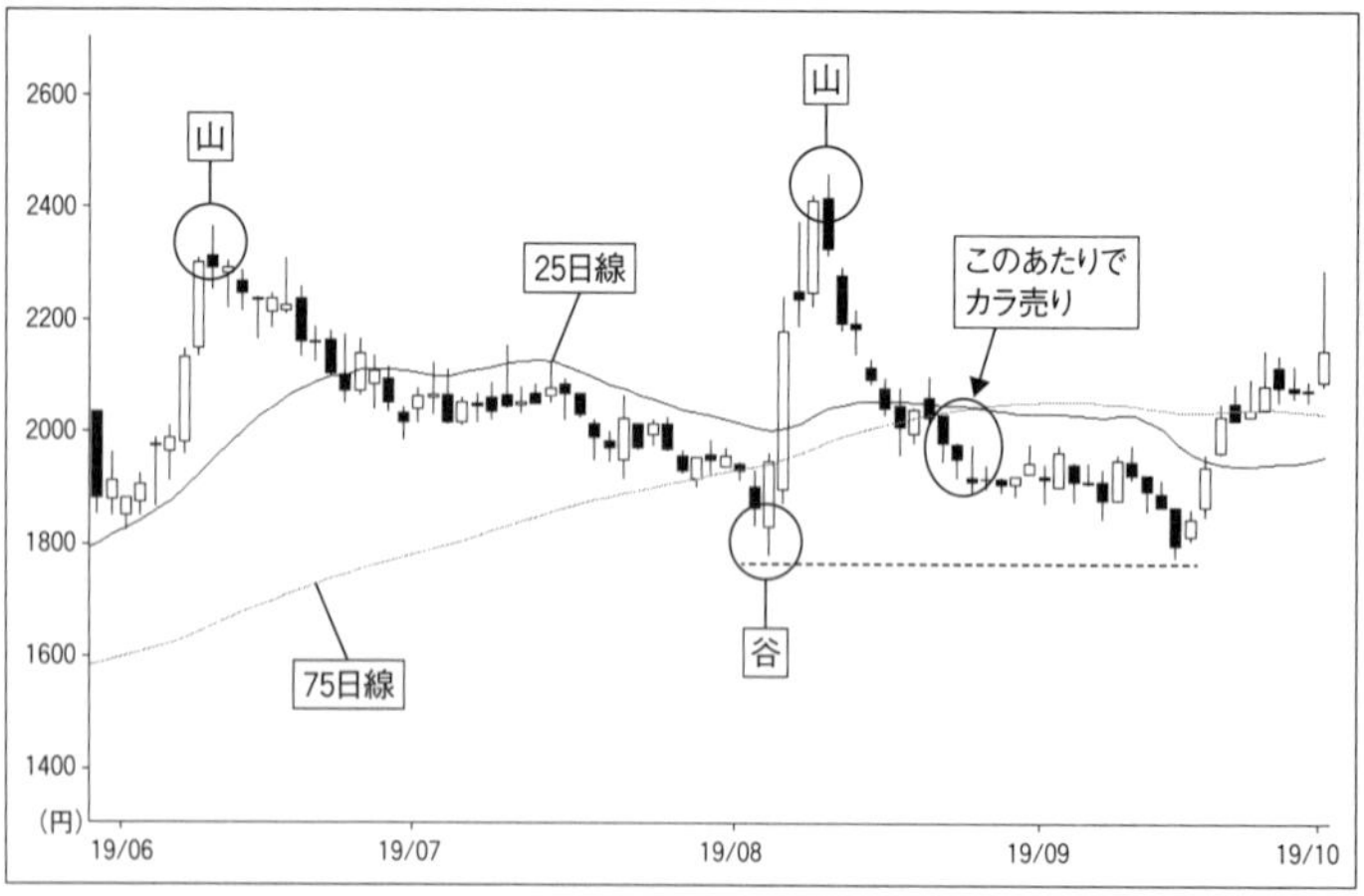

2 途中で反発上昇したときの撤退基準

■今現在の価格より一定額上がったら撤退

このように、うまく下げた場合は目標を決めていきますが、仕掛けた建玉すべてが目標まで行くとは限りません。途中で反発して大きく上がってしまうことも、もちろんあります。

そうなった場合、せっかくの利益が一気に吹っ飛ぶことになります。では、そうならないためにはどうしたらよいのでしょうか？

これは、

「ここまで下がったら買い戻す」

という考え方ではなく、

「現在の価格から一定の幅以上上がったら買い戻す」

と考えます。

【現在の価格から一定の幅以上上がったら買い戻す】

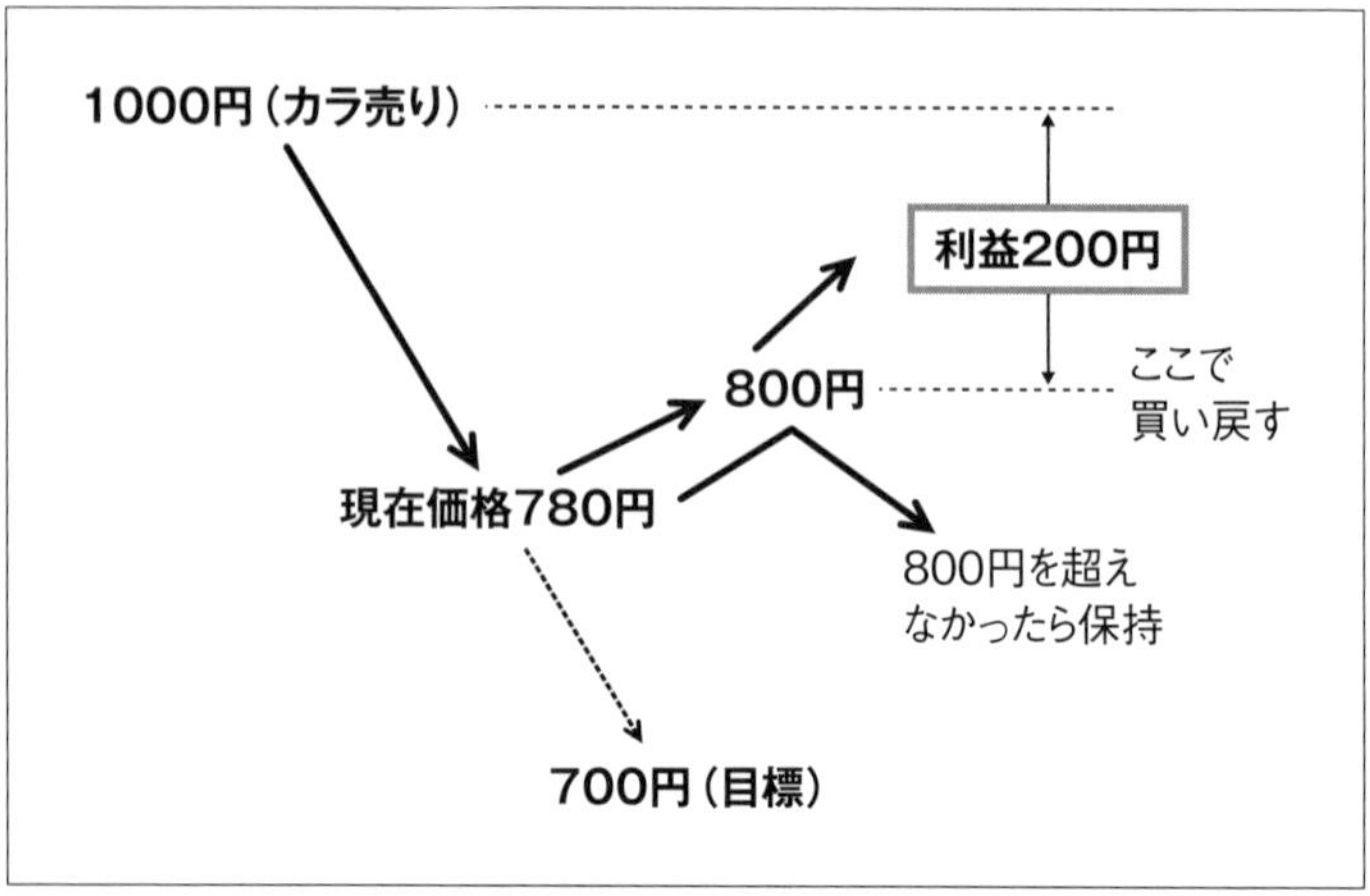

今つけている価格よりも、上がったら買い戻すのです。

上図を見てください。

例えば、株価が1000円のときにカラ売りをして、目標を700円にしたとします。目標の700円近辺まで下がってくれば、買い戻し目標達成となり、それでいいのですが、それまでに反転してしまい、しかも大きく上昇すると、せっかくの利益が吹っ飛んでしまいます。

そんなことにならないようにするには、上がったら買い戻す基準を決めておくのです。

■**仕切るポイントはキリのいい数字**

例えば、狙い通りに株価が下がり、今現在の価格が780円になったとします。

目標の700円近辺まであともう少しなので下がってほしいのですが、ここから反転してしまうこともあります。

そのときは、例えば「800円を超えたらこれ以上の下降をあきらめて買い戻す」ようにするのです。

もし800円を超えなかったら、「まだ下がるかもしれない」ということで、さらなる下げを期待して保持します。

というように、目標まで下がることを期待しつつ、思惑と外れて、上昇を開始してきたら、仕切るという戦略です。

こうして、一定の利益を確保しながら目標を達成しようと考えていくのです。

上がってしまった場合の仕切りポイントは、キリのいい数字でOKです。

■前日のろうそく足の高値を超えたら仕切る

他の仕切りポイントとしては、「前日のろうそく足の高値」もよく使います。

次ページ図を見てください。

ろうそく足が、25日線と75日線を割り込んだあと、前日の高値を上に抜けない限りは保

【前日の高値を超えたら買い戻す】

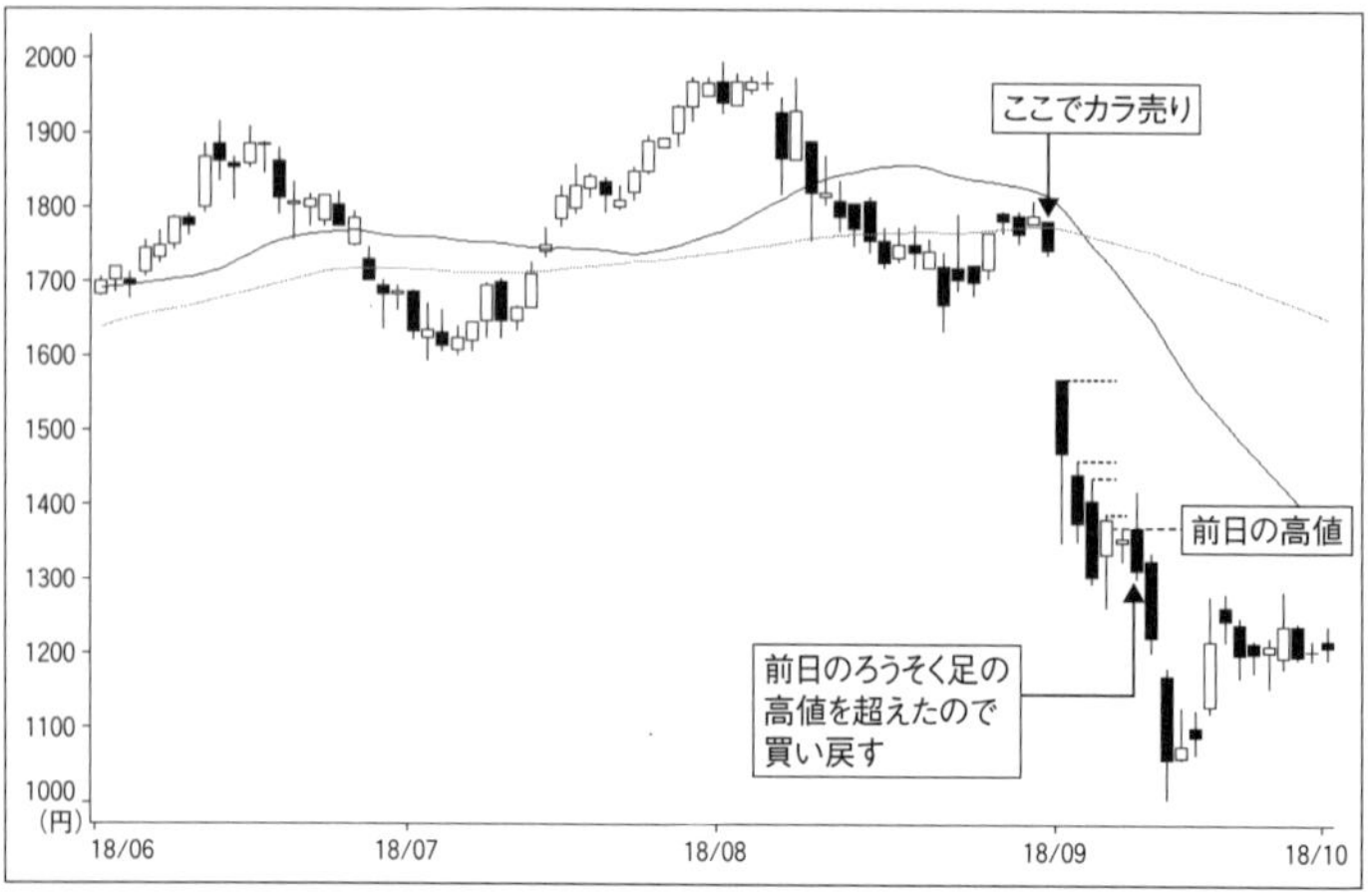

持します。

この「前日の高値を上に抜けない」ということは、どういうことでしょうか？

前日のろうそく足の高値は、前日は「そこまで上がったが、それ以上は上がらなかった」ということを意味しています。

その銘柄の相場参加者がそこまで買い進めたが、それ以上は買い進めなかったことになります。

その高値を超えてこないということは、前日よりも本日の相場は弱いので、まだまだ下がる余地がある、というように解釈するのです。

逆に、前日のろうそく足の高値を上に抜くということは、相場参加者が前日よりも本日のほうが強いと判断し、下降の力が弱くなったと判断したと考えます。

ですので、そのときに買い戻すのです。

このように、目標を追っていきつつ、反転上昇したときに買い戻す方法をとっていきます。

■必ずロスカットを入れる

あと、絶対に忘れてはならないのが、「仕掛けた直後の処理」です。

仕掛けたあと、下がらなかったことを考え、ロスカット（損切り）を必ず入れます。

カラ売りを仕掛けると、どうしてもいいことばかり考えてしまいます。

下がることばかり考えてしまいがちで、急上昇といった最悪のシナリオを考えようとしません。

考えたくはないシナリオですが、株価の上昇は下落の場合と違い、屋根がない青天井です。つまり、どこまでも上がり続けて損失が巨額になることがあります（下落は、株価以上には損失が大きくならない）。

これを考えておかないと、万が一急騰した場合に大きく損をすることになります。

【ロスカットと利益確定のポイント】

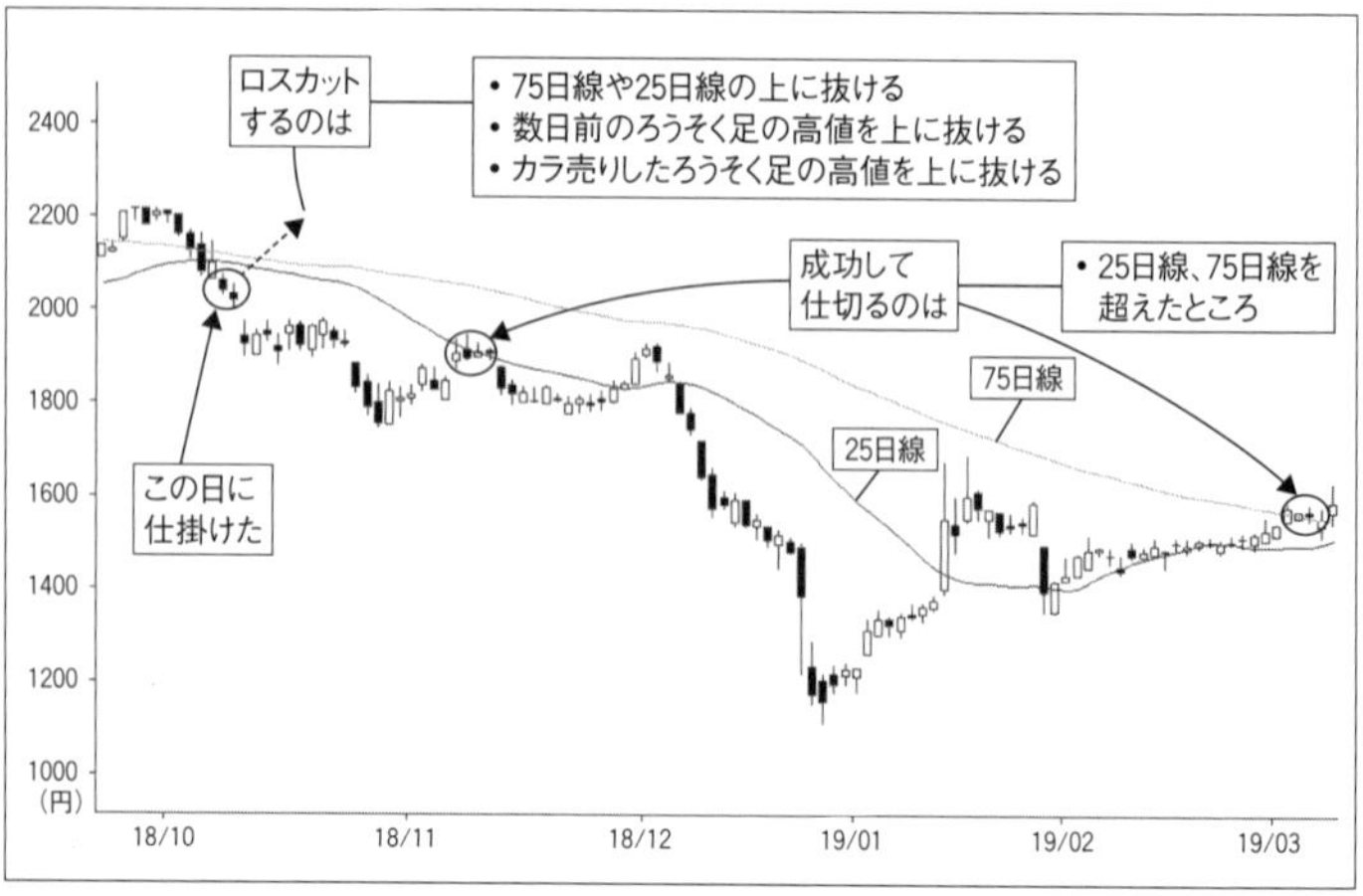

株式相場の世界で長期的に生き残っていくために、常に最悪の状況を考えてリスク管理を徹底していくようにしてください。

では、具体的にはどこにロスカット（損切り）を入れればよいのでしょうか？

私の場合、基本的には、

「カラ売りをしたろうそく足の高値を上に抜けたらロスカット」

「数日前のろうそく足の高値を上に抜ければロスカット」

と、ろうそく足の高値を基準としたり、

「75日移動平均線や25日移動平均線の上を抜けたらロスカット」

と、移動平均線を基準とすることも多いで

す。

こうしてリスク管理を徹底していきます。


このロスカットの位置の考え方にはいろいろありますが、基本的な考え方としては、

「このポイントを超えると上がってくる」

「このポイントを超えるともう下がってこない」

「ここを超えると損失が大きくなる」

というポイントになります。


あと、カラ売りが成功し、株価が下がったあとですが、目標の株価として先ほど紹介したのは、

「キリのいい数字」

「株価のジグザグの直近の安値（谷）」

でした。


そして、目標まで下がらずに反転した場合は、

「キリのいい数字を超えたところ」

「前日のろうそく足の高値を超えたところ」

を仕切るポイントとしました。

大きくトレンドが出ると予測している場合は、「移動平均線（25日線、75日線）を超えたところ」

を仕切るポイントとしてもOKです（184ページ図）。


このように、カラ売りを仕掛けたあとは、「ここまで下がったら買い戻したい」と期待をしつつも、「もし逆に上に行ったらどうしよう」という不安に、常に備えるようにします。

ただ単に「下がらないかな〜」「下がったらラッキー」という姿勢では、たまに儲かることはあっても、継続的に稼いでいくことはできないのです。

第8章

負け組投資家から両刀使いのプロトレーダーへ！

1 強気のときにこそカラ売りの準備を

■株価上昇は永久には続かない

株式市場全体がグングン上昇しているときとは、どんな状況でしょうか？

周りを見回してみてください。例えば本屋さんに立ち寄ると、多くの株関係の本が並んでいます。

「株で億を儲ける方法！」「誰でも簡単に儲ける方法！」「今はこの銘柄が買いだ！」などなど、多くの本や雑誌が並びます。

こんなときです。

この状況が未来永劫に続くのかどうかを考えてほしいのです。この状況が続くのは、数カ月後まで？　あるいは1年後まで？　数年後まででしょうか？

株式相場にはサイクルがあります。これは景気の循環と同じで、いいときも悪いときもあります。

上がったものは下がりますし、下がったものは上がります。ということは、上がっているものはいつか下がります。

そのときのための準備を、株価が上昇しているときにしてほしいのです。

■相場の大きな流れに逆らわない

その準備の時期が、第1章でお話ししたように今なのです。

全体相場が下げのトレンドに入ったら、多くの銘柄も下げやすくなることは、24ページで説明しました。

全体相場の流れが下降しているときに買った銘柄は、下に押される可能性が高いということです。

このようなお話をしても、こんなことを言う人がいます。

「全体が下降相場であっても、上がる銘柄もあるのではないでしょうか？」

たしかにそうです。全部が全部下がるわけではなく、上がっていく銘柄もあります。

でも、確率的に言うと、下がっている銘柄のほうが多いのです。

それなら、「下げそうなもの」を選んだほうが、確率がいいのではないでしょうか？

にもかかわらず、一般的な個人投資家やトレーダーの方の多くは、どんなときでも「買おう、買おう」としてしまいます。

私はこれを「買いたい病」と呼んでいるのですが、とにかく買って儲けたいのです。

私たちプロの個人トレーダーが結局のところ何をしているかというと、売り買いの選択を、その場での確率のいい方向に仕掛けようと考え、判断を下しているだけなのです。

大切なことは、相場環境に合わせて売買をすることです。

上昇相場には「買い」で、下降相場には「カラ売り」で対応してほしいのです。

ただこれだけです。

全体相場に臨機応変に対応できるのが「トレーダー」なのです。

■「売り」も「買い」もすることでいつでも利益をうかがえる

株の「投資家」は、長期的に企業に対して資金を投じて利益を取ることを狙います。株価が上がらなかったら利益が出ませんし、企業が成長したり、業績がよくなったりしなければ資金が回収できません。株の投資家である限りは、景気動向もよくならないと、なかなかうまくいかないことが多いのです。

しかし、株の「トレーダー」であれば、個々の企業業績や景気動向などはそれほど重要ではなく、株価の上下の値動きさえわかればいいのです。私は株のトレーダーです。投資家ではありません。

そのため、「買い」だけではなく「カラ売り」もやるのです。

要は「両刀使い」です。

両刀使いとは、2種類のまったく違ったことを行う、といった意味ですが、株で言うと、「買い」とその反対の「カラ売り」になります。

両刀使いになることによって、年がら年中、株式市場と向き合うことができるようになり、いつでも利益をうかがえるのです。

もちろん、全部が全部予測が的中するわけではなく、間違えるときもあります。でも、確率の高いほうを常に選択しておけば、短期的に損をすることはあっても、長い目で見れば利益が転がり込んでくるのです。

あなたもぜひ、このような思考になってほしいと思います。

2 全体相場の動きを日経平均で見る

■日経平均自体を売買するつもりで見る

第6章で日経平均先物の話をしましたが、何もこの取引をすることを無理に勧めているわけではありません。

取引は個別銘柄だけでもかまいません。

ただ、先ほども言いましたように、個別銘柄を売買する際には大きな流れに逆らわずに売買しなければなりません。

となると、日本の相場全体の流れを示す代表的な指数である「日経平均株価」をしっかりと見ておかないといけないのです。

では、どうすればいいか?

常日頃から、日経平均自体を売買するつもりで値動きを見ていくべきなのです。

ですので、日経平均先物を商品として売買はしなくても、日経平均自体を売買するつもりで見てほしいのです。

「日経平均が売り」と判断すれば、個々の銘柄はカラ売りで、

「日経平均が買い」と判断すれば、個々の銘柄は買い、という具合です。

■動きの方向がわからないときは休む

では、日経平均が「買いでもないし、売りでもない」というときはどうすればいいのでしょうか？

こんな場合は、無理にトレードをしてはいけません。

「わからない」「難しい局面だ」と判断し、トレードを休んだり、やるとしても取引回数を減らしたり、金額を抑えたりしなくてはなりません。負けるのを抑える時期になります。

もしくは、「難しい相場だ」「損をする可能性がある」ということをわかって売買することが、非常に大切となります。

仮に私とあなたが同じ技術を持っていたとしましょう。普通に考えれば、同じ技術なら同じようなパフォーマンスになるはずですよね？

でも、そうはならないのです。

相場環境によって成績が左右されるのです。

上昇相場のときにあなたが「買い」で売買し、下降相場のときに私が「買い」だけで売

買すれば、おそらくあなたのほうが私よりパフォーマンスがよくなることでしょう。

というように、自分自身の力が及ばないところで成績が決まってしまうわけです。

トレードでうまくいっている人ほど、このあたりの考えに長けているように感じますし、うまくいっていない人ほど、こうした考えがありません。

全体相場が上昇時も下降時も方向感がないときも、いつもおなじ調子で買ったり売ったりしてしまうのです。

さて、あなたはどちらでしょうか？

3 思惑が外れても利益を出す仕組みを作る

■売りと買いの両方で利益を出す

では、あなたが全体相場のトレンドを見ながらトレードする「両刀使い」になれば、どうなるのでしょうか。

買いでも利益が出せますし、カラ売りでも利益が出せるようになります。

「上昇局面で買い、下降局面で売る」

というようになればすごく気持ちいいですし、カッコいいですね。

ただし、いつもうまくいくとは限らず、「買ったら下がる。売ったら上がる」というように、まったく逆になることも考えられます。

そんな場合はダメージが倍になり、一気にお金がなくなってしまいます。

そうならないためには、どうすればいいのでしょうか。

「買いとカラ売りと、両方のトータルで利益を出そう」と考えるのです。

どういうことかと言いますと、197ページ下図を見てください。

例えば、

- Aという銘柄が上がると判断して「買い」ます。
- Bという銘柄は下がると判断して「カラ売り」します。
- Cという銘柄を上がると判断して「買い」ます。
- Dという銘柄を下がると判断して「カラ売り」します。

というように、同じ時期に買いとカラ売りの両方のポジションを持つのです。

この場合、売買した翌日以降に相場全体が上がっていけば、おそらくAやCの銘柄は上がりやすくなるでしょう。その分、利益が出ることになります。

しかし、カラ売りをしたBやDの銘柄は下がりにくくなり、上がりやすくなります。

ひょっとすると予想以上に上がって、ロスカットすることになってしまうかもしれません。


逆に、翌日以降に相場全体が下がっていけばどうでしょう。

おそらくBやDの銘柄は下がりやすくなるでしょう。

しかし、AやCの銘柄は上がりにくくなり、下がりやすくなります。

ひょっとするとロスカットになってしまうかもしれません。

■全体相場が上がっても下がっても利益が出る

この両方の図、よく見てください。

相場全体が上がっても下がっても利益が出ていることに気づくでしょうか？

実際はこんなに単純ではないですが、こうして「買い」と「カラ売り」とを日々絡ませることによって、相場全体が上に転んでも下に転んでも利益が出る状態にしておく。

【両刀使いのトレーダーへ】

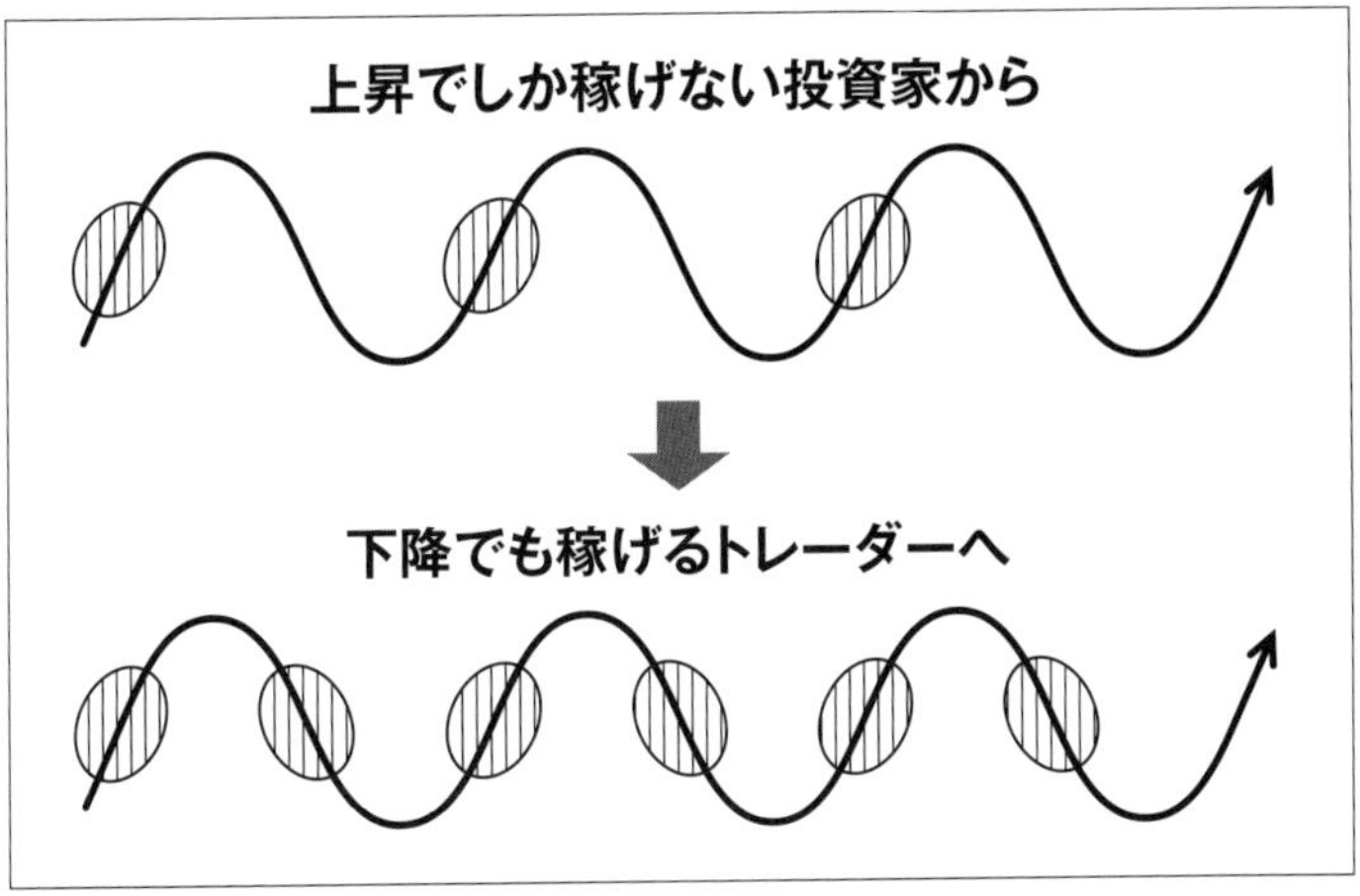

【全体相場が上昇】

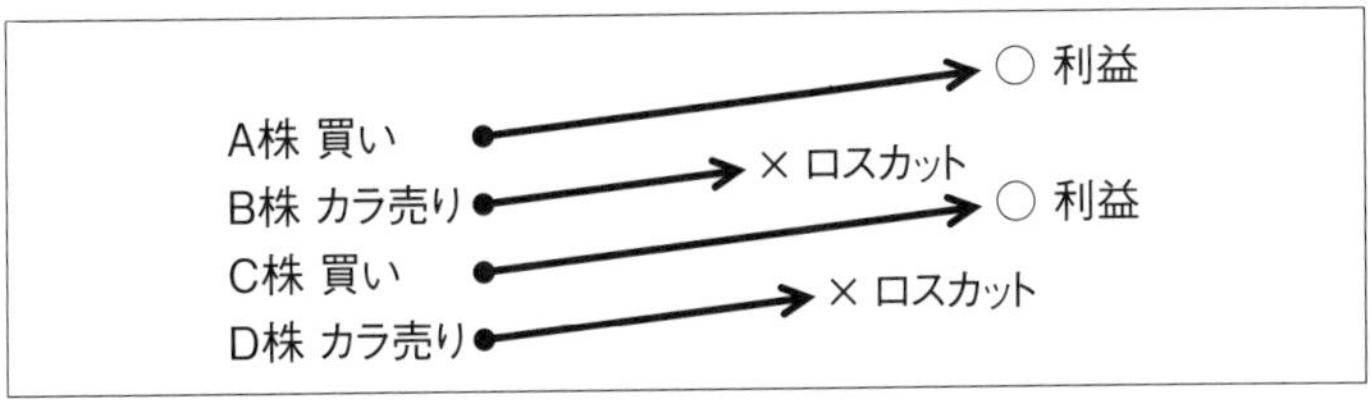

【全体相場が下降】

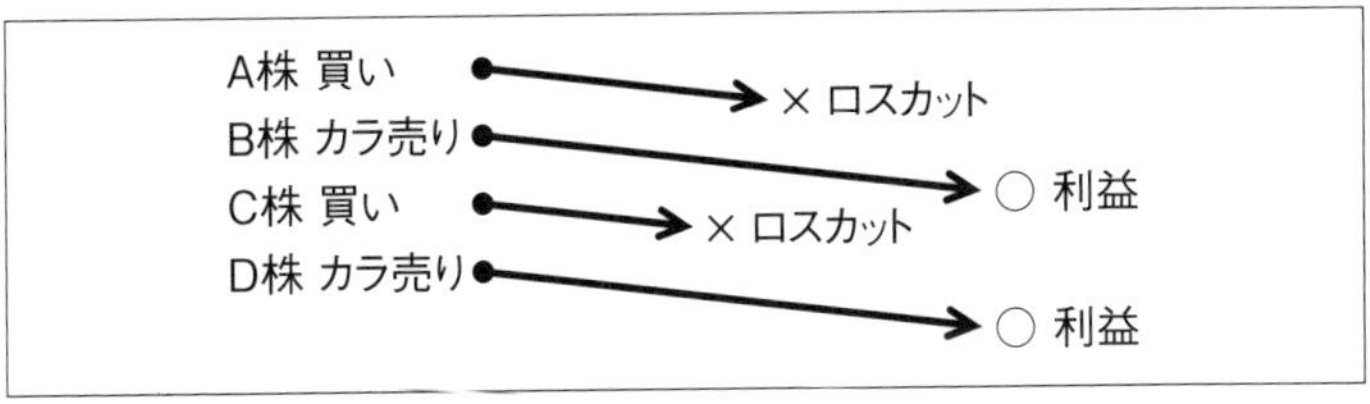

そして、トータルで利が乗っているときに、すべて仕切ってしまえば、含み損の銘柄がない状態でスッキリします。

そして、現金に戻したあとは、また新しい別の銘柄で買いとカラ売りを絡ませます。

というように、明日以降の全体相場の予測が外れたとしても利益が残るようにすれば、明日以降どんな状況になっても安心です。

そうなれば、相場を当てる必要がなくなってくるのです。

実際にはこんなに単純ではなく、A銘柄、B銘柄、C銘柄、D銘柄、E銘柄……と、複数の銘柄の買いと売りを絡ませることになります。

これらの個別銘柄については、もちろん適当に選んで仕掛けるのではなく、しっかりとチャート分析をして、買いとカラ売りを仕掛けることは言うまでもありません。

また、こうしたトレードをしていくと、あなたの頭の中がニュートラル（中立的）になります。

「明日？　上がってもいいよ。利益が出るから」

「明日？　下がってもいいよ。利益が出るから」

と、「明日上がっても下がってもどっちでもいいよ」という考え方になり、全体相場に対して偏見を持たなくなります。

これが片方だけに偏ってしまうと、買いを仕掛けたときは、

「明日上がらなかったらどうしよう」「絶対上がってほしい！」

という考えになります。

あるいは逆にカラ売りを仕掛けたときは、

「明日下がらなかったらどうしよう」「絶対下がってほしい！」

というように希望的な感情がわいてきます。

こうなると冷静さを保てなくなり、その挙句、買うべきところで買わなかったり、売るべきところで売らなかったり、ロスカットできなかったりして、ルールに従えなくなってしまいます。

感情がルールを無視するわけです。

こうならないためにも、ぜひ「両刀使い」をマスターしてほしいと思います。

ぜひ、今までの買い一辺倒の取引から脱却し、「カラ売り」も大いに活用してほしいと思います。

4 長期トレードとしてのカラ売りのやり方

■カラ売りは6カ月で終わりではない

個人トレーダーの方にカラ売りについて教えていると、いつも質問されるのが、

「カラ売りは信用取引だから期限は6カ月ですよね。ということは買いのように長期保持はできないですね？」

という内容です。

つまり、信用取引には返済期限があり、返済期限が来ると強制決済になってしまうので、

「カラ売りはあくまでも短期や中期売買限定でしょ」ということです。

でも、これは違います。これを避ける方法があります。

それはこうです。

例えば、まず、カラ売りを仕掛けます。

カラ売りを仕掛けてから6カ月が経過する期日の前にこの建玉を買い戻し、それと同時

に再度カラ売りを仕掛けます。

ただ、このとき、同じ金額にしないといけません。そのため、買戻しとカラ売りの金額が同じになるとき（例えば「寄り付き」）に、「成行の買戻し」と「成行のカラ売り」を同時に入れれば、カラ売りを継続したのと同じことになり、さらに6カ月保有できることになります。

長期保有すると、貸株料や逆日歩等の諸費用（55ページ）がかかることもありますが、長期的な下降が予想される場合は、有効な方法になります。

嫌なことは忘れる動物（人間）になるな！

株式市場は、過去に何回も大暴落を繰り返しています。

そのときは必ずと言っていいほど、

「高値圏で買って保持してはダメですね」

「危機管理の大切さが身にしみます」

「下がったら売るべきだった」

というようなことが言われます。暴落の前ではなく、暴落してしまったあとです。毎回同じことが言われます。

しかし、下降相場が終わり、反転上昇し、上昇の期間が長く続けば続くほど、過去に暴落したときのことを忘れてしまいます。

「忘れるな！」「覚えておけ！」と言っているのではありません。

別に忘れてしまうことが悪いのではなく、「人間とはそういうものだ」ということをわかっていてほしいのです。

人間とは特にそういった嫌なことを忘れてしまう動物なのです。

これは人間である限り仕方がないことなのです。

では、どうすればいいのでしょうか。

それは人間の感情を持ったまま相場に参加しなければいいのです。

相場では人間的な感情を捨てるのです。

その方法ですが、本書では繰り返し株式相場の周期の話をしているように、株式相場の周期や特徴を前もって理解しておき、それを踏まえた行動をするように前もってルールを決めておけばいいのです。

そして、「前もって決めたルール」の状況になったときには、決して感情に左右されずに、ルール通りの行動を起こすことが大切になります。

人間を捨てるための道具として、「逆指値注文」というものがありますが、これを使うと、株価が下がったときに売ることができないという人間の感情とは関係なしに、自動的に売ってくれます。その結果、損を小さく抑えることが可能となります。このような注文をうまく使って、株式市場では人間を捨てるようにしましょう。

おわりに

ここまでカラ売りについていろいろなお話をしてきましたが、興味を持ってもらえたでしょうか？

まだやったことのない方は、やってみようと思ってもらえたでしょうか？

株は上がるときもあれば、下がるときもあります。

下がるときがあることを十分認識し、そのさいには「株は買う」のではなく、「売るのだ」ということを強く意識してほしいのです。

この本は「カラ売りをやってみましょう！」という本ではありますが、カラ売りが稼げるからという理由だけでカラ売りを推奨しているのではありません。

カラ売りを学ぶことにより、株式市場の下げについて今一度真剣に考えてほしいのです。

この本をお読みになられた方の中には、これから株を始めようとしている方も、もうすでに株式投資やトレードをされている経験者の方もいらっしゃると思います。

株を買ったあとは必ず上がるとは限りません。下がったら損が少ないうちに売らなくてはなりません。

また、上がったときは、いつかは利益確定しなければならず、必ず売らなくてはならないときが来ます。

そのときにしっかり「売り切る」強い意志を持ってほしいのです。

その意志が最終的にあなたの大切なお金を守ることになるはずです。

株式市場では、今まで多くの個人投資家やトレーダーが暴落によって痛い思いをしてきました。

この本をお読みになったあなただけは決してそうならないでほしいと願っていますし、そうならないことを祈っています。

冨田晃右

2019年10月

冨田晃右（とみた　こうすけ）
京都府出身、1970年生まれ。同志社大学経済学部卒業。株式会社日本トレード技術開発代表取締役。少額資金しか持たない個人は、投資家として大儲けを狙うのではなく、トレーダーとして長期的継続的に稼ぐべきと考え、2002年当時、日本にはあまり存在しなかった、株の個人ネットトレーダーを志す。欧米流のトレーディング手法と日本の投資技術を導入、ミックスした結果、まったくの初心者から約３年で、安定した利益が出るトレード技術を開発する。「株式スクール冨田塾」を全国各地で開催。著書に『ここが違った！株で稼ぐ人、損する人』（集英社）、『確実に稼げる株式投資副業入門』（ソーテック社）、『ど素人サラリーマンから月10万円を稼ぐ！株の授業』（ぱる出版）、『自分で決めて、自分で稼ぐ！月１回、10000円から始める株トレード』（ＫＫベストセラーズ）がある。

株《かぶ》の「カラ売《う》り」で堅実《けんじつ》に稼《かせ》ぐ！ ７つの最強《さいきょう》チャートパターン

2019年11月20日　初 版 発 行
2023年１月20日　第４刷発行

著　者　冨田晃右
発行者　杉本淳一

発行所　株式会社日本実業出版社　東京都新宿区市谷本村町３−29 〒162-0845
編集部　☎03-3268-5651
営業部　☎03-3268-5161　振　替　00170-1-25349
https://www.njg.co.jp/

印刷／壮 光 舎　　製 本／共 栄 社

この本の内容についてのお問合せは、書面かFAX（03-3268-0832）にてお願い致します。
落丁・乱丁本は、送料小社負担にて、お取り替え致します。

ISBN 978-4-534-05731-0　Printed in JAPAN